Search

你們求，必要給你們；
你們找，就必找到；
你們敲，必要給你們開。

讓發聲發生

改變世界從讓底層邊緣人發聲開始——第四世界平民大學五十年紀實

Et vous, que pensez-vous?

歐洲平民大學總召
費鴻芳Françoise Ferrand——著
楊淑秀、陳姿宜、吳新慧——譯

謝詞

謝謝所有從一九七二年至今參加巴黎第四世界平民大學的每一位，有些參與者在本書活靈活現，但，很遺憾，無法一一列舉所有人。

熱誠感謝馬果女士（Macaud）、李果女士（Ligot）、羅素夫婦（Russel），杜費盟（Doffémont）先生和西蒙娜（Simon）女士積極參與了這本書的書寫。

特別感謝持久志願者樂蒔倍（Bérangère Le Sonneur）和皮讓德（Jean-Pierre Pinet）在文獻收集上的協助，他們將第四世界平民大學創立後的所有文件細心歸檔。謝謝Elisabeth Hardt、Marie-Claude Buffard、費阿朗（Alain Havet）、杜陸喜（Lucien Duquesne）、布帕朗（Patrick Brun）協助訪談某些參與者；謝謝Cécile Buchet精心選擇的照片，謝謝雅瑪莉（Marie Jahrling）和我先生費洛德（Claude Ferrand）不曾停歇的支持。

CONTENTS

CONTENTS

第八章 平民大學的步驟與方法——143

CONTENTS

第十一章

現在，我們不再留在陰影中

CONTENTS

中文版推薦序一

我們聽到底層的聲音了嗎？

paelabang danapan 孫大川教授

其實這本書在淑秀翻譯的階段，就已經陸續讀過了，收到出版社的初稿，又通讀了一遍；有共鳴的段落，還一張張抄寫在紙卡上，然而一旦想下筆寫序，卻猶豫再三，數度易稿，不知從何寫起。這是一本經驗性密度很高的著作，有理論也談方法，但它們都不是從什麼學術理論體系，或什麼社會科學方法論演繹出來的結果，更顛覆的是，書裡面的知識、主張和論點，主要的提供者，不是別人，是貧窮者，是活水成員本身。這是若瑟神父「第四世界平民大學」創設之初，就一再堅持的原則。從「地下室」、「星期二演講」、「與第四世界對話」到「第四世界平民大學」，近半個世紀的實踐，都嚴格遵循著這樣一個同一的原則和精神。從此一精神出發，第四世界平民大學的目標，不是要透過平民大學來教導赤貧者學習如何適應主流社會的技巧，而是正好相反，我們藉由赤貧者的知識，檢視出我們社會文化的盲點，共同建構一個更完整、更全面、更具想像力的未來。第四世界運動，對人類社會有一個遠比濟弱扶貧、人道關懷更為宏大的願景。

因此，第四世界平民大學，既是大學又是一個平台。它一方面要鼓舞活水成員學習說話、勇於表達，藉會議的準備、作筆記、整理摘要，到完成陳情書的書寫，不但凝聚活水成員的認同感，也增進他們的自信和歸屬感。另一方面，平民大學也要極力邀請各個不同階層、專長、職業和立場的人，來到這個平台，創造一個彼此真實相遇的場所與氛圍；使他們和貧窮人一同改變，共同尋找、設計一個更合理、更符合人性的社會。

本書中文書名譯作《讓發聲發生：改變世界從讓底層邊緣人發聲開始——第四世界平民大學五十年紀實》，已釐清表明了全書的論旨。作者費鴻芳（Françoise Ferrand）用十二章的篇幅，仔細記錄了「第四世界平民大學」從成立之初到一九九六年之前運作、成長的過程與成果。由於費鴻芳敘述的內容，都是建立在實踐經驗累積的基礎上，所以無論觀點的表達或方法運用的技巧，都說明詳盡，我實在不必再畫蛇添足。我之所以裹足不前，難以下筆，正是這個緣故。做為第四世界的盟友，這一年多來由於剛退休，人生進入另一個階段，一直沒有參與台灣工作小組的活動。淑秀組織了一個讀書會，分享本書，邀請各方朋友，嘗試評估在台灣推動平民大學的可能。從費鴻芳對第四世界平民大學的分析來看，一切都得從活水成員和實務參與為起點，我感到心虛，不知道從台灣的經驗如何回應本書的種種邀請，我們可能複製巴黎的經驗嗎？我們和歐洲在文化、歷史和社會方面，因其差異，是否需要不同的條件配合？我對台灣活水成員的認識太少，互動和累積的知識不夠深廣，很難和本書那麼豐富的內容進行有意義的對話，這一直讓我感到不安。

從平民大學的巴黎經驗，我注意到幾件事。首先，歐洲像巴黎這樣龐大且極端城市化的都會不少，且有幾百年的歷史積澱，結構性的貧窮現象十分凸顯，馬克斯思想從那裡產生是完全可以想像的。一九五六年若瑟神父在諾瓦集發現了他的子民，那是一個充滿泥濘和垃圾的地方，卻集中地住著兩百五十多戶貧窮的家庭。這是若瑟神父和第四世界最初的基地，是後來所有創造性思想產生的原鄉。根據費鴻芳的描述，一九六八年第四世界運動在巴黎拉丁區買下一間寬闊的石砌地下室，整修之後，一九七〇年正式啟用，貧窮者暱稱它叫「地下室」，這便是平民大學的雛形。「地下室」很快變成凝聚第四世界子民的平台。「愛不累」社區的龐斯女士（Bansept）說：

「我們來『地下室』，不是為了來巴黎遊玩，而是為了跟來自諾瓦集、史坦、凡爾賽的其他家庭接觸，是為了和其他人討論，為了給彼此加油打氣。」

看起來巴黎貧民區的分布不但具有空間性，「地下室」的存在，也讓他們可以彼此辨認，費鴻芳引用志願者韓瑪芳的話說：

「在地下室，活水成員意識到自己所歸屬的世界要比他們居住的諾瓦集貧困區大得多，他們也歸屬於一段共同的歷史。……當你的個人歷史可以加入其他人的歷史，這段歷史就有了更寬廣的意義，你無法單獨存在。」

這正是我的困擾之所在，台灣都市化的時間還很短，農業社會的生活型態和價值觀依然存在，移居都市的勞工和農村原鄉的紐帶並未完全斷裂，感覺上要捕捉台灣貧窮人的空間輪廓似乎不太容易。這幾年，我結合大台北地區的社工團體組成「向貧窮者學習行動聯盟」（窮學盟），試圖勾勒台灣第四世界子民的面貌。幾年下來的經驗，至少大台北地區，我們所接觸的似乎大都以無家者或街友為多數。他們非常個人，流動性大，很難凝聚，要營造一個像巴黎「地下室」那樣的平台，實在不容易。淑秀在耕莘文教院和內壢準備了更穩定的相遇空間，或許是一個好的開始。曾經和窮學盟的夥伴們討論過這些觀察，他們也意識到台灣貧窮現象和歐洲社會的差異，看來我們需要更多來自台灣活水成員的聲音，真正的改變好像沒有什麼捷徑。

另外，我也注意到平民大學或整個第四世界運動裡，志願者的召募和培育的重要性，而要達到這個目的，需要有許多的配合條件，是一件非常艱難的工作，若瑟神父在這件事情上付出了極大的心力。如果說活水成員是第四世界運動的根，那麼持久志願者就是它的枝幹，是輸送源頭養分的渠道。在和窮學盟互動的過程中，我發現台灣有許多具有服務活力的團體和年輕人，是很好的召募對象或合作夥伴，他們有熱情、有能力，也熟悉政府和民間資源的運用與操作。但他們最缺乏的就是「信仰」，一種辨認且深信來自貧窮者身上所可能帶來的改造力量，而這正是第四世界運動最擅長的本領。五、六年來，我努力促成這樣的相遇，鼓勵並支持窮學盟的夥伴組團到國際第四世界運動總部梅里（Méry-Sur-Oise）參訪，可惜因新冠疫情的影響未能順利成行，希望這個計畫能在疫情緩解之後繼續執行。台灣貧窮工作，需要更多持久志願者的投身，也需要具有第四世界運動精神的合作夥伴。

若瑟神父在購買巴黎「地下室」之初（一九六八），正是法國也是世界性學潮風起雲湧的時代，左翼思想瀰漫在年輕學生和廣泛的知識階層裡。若瑟神父以赤貧者的存在與經驗挑戰並召喚那一代年輕人的改革衝動與狂熱，使他們在浪漫虛無和政治激進的浪潮外，找到另一個改造社會的出口。我認為第四世界平民大學在巴黎的成功，有它當時的思潮背景和歷史條件。台灣和台北的情況呢？今天的台灣是二次大戰後中國內戰遺留下來的殘局。威權、戒嚴和冷戰的年代，在美國資本主義全力的支持下，創造了經濟繁榮和政治民主化的奇蹟。總體來看，台灣勞工和農民的運動，在有效的貼補政策下，並沒有真正撼動台灣資本主義化的結構，勞工和農民的價值觀和世界觀，無法打進台灣社會的上層建築。我很懷疑台灣或台北有沒有準備好，要去真正聆聽貧窮人的聲音？接受弱勢者的教導？以我從事原住民工作的經驗來看，一九九〇年代初修憲以來，經過了將近三十多年，原住民法政、經濟和文化等各方面雖然有不少的進展，但主流社會對原住民的認識依然貧乏、粗略，原住民並沒有改變他們什麼，反而是原住民被改變了。費鴻芳在回顧法國歷史中的平民大學時（一八九九－一九一〇），指出創立者德喬治（Georges Deherme）的理想之所以在短短十年左右就灰飛煙滅的原因，她引歷史學家梅陸喜（Lucien Mercier）的話說：

「德喬治雄心壯志，希望藉由平民大學，勞工和知識份子可以編織友誼，互為師生；知識份子可以貢獻他們的知識和學習方法，勞工可以用他們在生活中累積的具體認識作為交換。這樣一來，雙方都可以獲得益處。但是，知識份子在面對勞工這群聽眾時，遇到非常嚴重的困難，難以適應。他們對勞動階層、對社會問題幾乎是一無所知，他們來到平民大學，卻不認識這群聽眾。」

事實上，德喬治本身在一九〇四年就被自己創立的社團除名了。這正是若瑟神父不斷提醒我們要以貧窮人為師的真正原因！台灣在二〇〇八年之後，陸續簽署了五、六項國際人權公約，並將其內國法化；二〇二〇年監察院成立了「國家人權委員會」，而早在二〇〇五年立法院就通過了「原住民族基本法」。這些法制工作的人權保障涵蓋了原住民、婦女、兒童、身心障礙者、族群歧視，以及人民在政治、經濟、社會、文化等各方面的平等、參與的權利。從某個角度說，台灣的社會應該具備了容納多元差異的聲音之條件，我們更有機會在對抗貧窮的志業上贏得勝利。然而，情況並不如我們想像的那麼樂觀，我注意到在推動這些人權公約第一線工作的崗位上，很少看到弱勢者的身影，這些法案的制定，基本上都是精英份子照搬國際條文移植過來的。這種情況，有時候可能更加阻礙了我們和活水成員真正相遇、向他們真誠學習的機會。

做為一個不夠盡責的盟友來說，我上述的理解和觀察或許是片面的，存在著許多的誤讀和盲點，但卻是我真誠的讀後感。閱讀的過程中，處處呈現我們台灣社會和書中情境相對應的景象，想著第四世界運動的精神如何在我們的國家落地生根。這是我的盼望也是我的焦慮。末了，我想引一九七四年在巴黎地下室的大會上若瑟神父一段話鼓勵自己：

「我們在此相遇，是為了一起學習人類這個大家庭為人創造了哪些可能性；但也學習認識它衍生了哪些不義和痛苦。我們努力把彼此的經驗放在一起，如果能夠這樣相遇，我們似乎就向人類所累積的知識踏出了一大步。」

中文版推薦序二

平民大學如何讓底層發聲？

政大社會工作研究所教授／王增勇

就在我撰寫這份序文的同時，二〇二二年一月二十七日立法院三讀通過修法刪除了精神障礙者監護處分期限的上限，被診斷為精神障礙的病患將可能面對無期限的社會隔離。對於精神障礙者的恐懼與汙名，讓立法者選擇將需要與社會建立有意義的連結幫助的精神障礙者與社會隔離，而非選擇有效的幫助他們融入我們的社會。這個修法反應社會選擇恐懼而非接納作為面對身旁遭遇困難的人，我們不想認識他們、知道他們遭遇了什麼以致於此。被社會排除的邊緣族群，他們的聲音往往不被聽見，但他們的聲音才能讓我們認識這個社會的不正義是如何被複製，同時也告訴我們可以如何被改變。讓弱勢者發聲，成為改變的起點。

第四世界的精神是向赤貧者學習，相信赤貧者親身經歷社會不公與排除的經驗在追求公平正義的社會有著不可缺乏的智慧；但如何幫助赤貧者說出自身的經驗，則成為實踐的重要議題。這本書就是第四世界運動幫助赤貧者發聲的具體操作。至今平民大學已經運作超過半世紀，這本書記錄著平民大學的實踐歷程，透過實例說明所有參與者，包括赤貧者、活水成員、持久志願者、盟友等，如何在平民大學的架構中，經歷一個意識覺醒的團體對話歷程，學習成為公民，推動社會解放的經驗。這本書的重要性在於把如何協助底層弱勢者發聲的架構與操作經驗做了具體清晰的書寫，對於台灣民主化三十年後，如何進一步深入窮人生活、邀請窮人參與、透過他們生活經驗的發聲促成社會變革，提供重要的參照。

目前，台灣社會福利體系仍把窮人當成有問題的個人，需要被矯正、教育與訓練成為勤勞認真工作的勞動者，卻不曾聆聽窮人的聲音，更不把他們的經驗當成重要的學習來源，持續將被標籤為有問題的人們，如窮人、精神障礙者、中輟生、性工作者……，排除在社會之外。

若瑟神父開創的平民大學是個社會試驗場，讓社會大眾與赤貧者相遇，深入窮人生活，每位參與者前來學習並接受陶成，培養公民素質的場域。注意，不是將赤貧者當成問題，要被改變，而是所有參與者都要學習改變。「大學」取其意為「學習之地」，「平民」取其「所有人」之意。平民大學依照參與程度，有赤貧者、活水成員、持久志願者、盟友四種角色的設計，無赤貧經驗的社會人士帶著自己的專業向窮人學習，持久志願者投入赤貧者的日常生活並建立信任關係，活水成員是積極投入第四世界的赤貧過來人，面向社會發聲、進行對話。這個過程的核心在於個人存在於群體中。被社會排斥的赤貧者往往孤單地生活，缺乏群體的支持，平民大學創造一個群體建構的場域，赤貧者在參與的過程中，發展出赤貧者的認同、尋找到自己的語言、敘說自己的日常經驗、看到並投身自己所歸屬的群體，讓赤貧者從被視為問題的個人翻轉成為值得被聆聽的群體，進而對社會發聲，讓赤貧者不再是噤聲的被汙名者，而是為自身代言的社會主體。只有當群體好，個人才會好；忽略個人的社會性存在是當前社會福利體系最大的盲點，我們只想解決個人問題，卻不曾發展邊緣群體的集體性，讓邊緣者可以在集體的自助互助中，獲得力量。第四世界的平民大學提供了具體作法。

第四世界運動是社會運動，更是靈性運動，它召喚我們去肯認並相信我們作為人的神性，即使赤貧者遭遇到生命中的苦難，但作為一個人，我們相信人性的尊嚴，而不放棄對任何一個人的希望。這樣的靈性應該成為社會福利制度的基本人設，而非複製專業與案主的威權關係，讓每個生命為自己發聲。

這本譯著的完成，不僅是第四世界經驗從法文到中文的語言翻譯，更需要我們從台灣社會歷史的發展脈絡中，去思考台灣社會如何排除與孤立赤貧者，借鏡第四世界平民大學的經驗，去發展台灣社會聆聽赤貧者的聲音，創造台灣社會與赤貧者相遇的平台，改造台灣成為更正義的所在。

中文版推薦序三

從匱乏中學習

《做工的人》／作家林立青

我們對於貧困理解的太少，誤解得太深。如同托爾斯泰所說，幸福的家庭各個相似，不幸的家庭各自有原因，只是當我們開始研究起「貧困」，時，卻連理解的工具也沒有，習慣於數字量化管理的我們只能用從數字去衡量貧困，政府以及民間部門在數字之下，只知道算出收支和人頭，居住的空間大小等等。

可是這無法解釋人際資本和知識資本：有些人收入雖低，卻有親朋好友互相支持，得到富足的供應，吃喝用都能在地解決，毫無貧困的樣子，數字也可能低估了知識的重要，有些人就是能夠在不同的環境裡面找出資源的連結。

這些與人的互動很難用數字來計算，卻是很重要的一環。

過去我們為了方便管理，付出的代價是用金錢補助做為衡量，所有的東西都量化成為補貼，金錢是最好用的一種工具，能在最短時間換成其他需要的物資或體驗，但金錢有極限，總有東西是錢無法替代的，況且能夠用來「濟貧」的錢分到每個人手上時，總是少得可憐。

一手創立第四世界的若瑟神父，他在多年以來，透過平民大學凝聚了一些值得參考的經驗，解釋出了為什麼有些人就算收入不高，依舊可以保有較好的生活品質，過去我們將這些稱之為社會資本，更早以前籠統的將這樣的行為解釋成經營人脈。

這本書便是告訴我們，一個神父如何領導經濟弱勢者經營人脈從一開始，凝聚並主持團體來分享生活經驗開始，透過互相聆聽，學習尊重，並且在討論之中帶入倡議，能夠有效的讓貧困者感到自己被理解，被尊重並且在過程中一起找出可能改善生活的具體行動。

在他的地下室中，邀請掌權的政治家，擁有專業知識的學者服務當地的社工，以及能夠信任的醫護，透過互相叫得出名字，能夠凝聚共識，即時性的解答疑惑，或者彼此交流經驗，能夠讓貧困者走出匱乏，並且得到自信和力量。

在台灣逐漸也走入貧富差距惡化的當下，我們應該從這本書中來找出台灣社會的解答。

中文版推薦序四

真正的社會工作者

福氣社區懷協會理事長、好好園館有本書房店長兼人生顧問
／陶蕃瀛教授

初識楊淑秀時，她是第四世界運動少數幾位常住台灣的持久志願者。她們在台灣的工作低調踏實堅毅樸實，居所在鄰近貧困者的同一個鄰里社區。持續不懈地和一群盟友讓發聲發生。一次受邀到台北北門附近某教會參與他們的交流分享會。會中聽聞他們長期陪伴的幾位陷落底層朋友親歷的艱辛往事與從中淬鍊出的智慧話語。那些以真實生命撐持出來的智慧話語，即便是在書本裡似曾讀過類似的文本，讓當時已在社會工作學習教學多年尚未退休的我心頭震動，汗顏於自己紙上談兵，所說甚多，所作希微。

第四世界運動創始人訪談錄《親吻窮人》二〇一三年讀後，我在二〇一四年一月三十一日有感寫下〈貧窮仍然布施，孤獨與神同在〉，提醒自己記得，赤貧者示範著貧窮仍然布施，以及第四世界運動者示現著孤獨與神同在。

閱讀《民主藝匠》二〇一七年出版前的三校稿後，我寫下的推薦短文裡也有一段社會工

作教育工作者的反思：「一個真正的社會工作者是一個在日常生活裡的助人自助者。」是的，每一個人都能是社會工作者，只要他願意陪伴與真誠聆聽那在每一個人內心裡本自具足未曾消失過的良善心性既微弱又強韌的聲音。

這一個世界需要更多的社會工作者，但不需要更多建制化的專業社會工作者。因為這個高度建制的世界，迫切需要改變。眾多人們競相爭逐有限的物質資源。建制化的代議式民主（這是招牌式民主，內容物待審）已經無能節制政客與市井凡夫的私慾和執念；學術世俗化的高等教育與宗教志業也常常無能療癒被深度物化的神聖自我和自我顯現出的集體無意識心智障礙。世界需要真正的社會工作者。

第四世界運動裡有許多真正的社會工作者。在你手中的這一本書，敘說著她們與他們在平民大學裡的故事。「來，我們需要你」，當你讀到這一個邀請時，請不要認為只是他們需要你，或他們只是在邀請你參與平民大學或社區大學。我以為他們真摯誠篤地邀請每一位有緣接觸到的讀者：靜下心來聆聽內心微弱但永恆良善溫柔的內在心聲。

每一個人都需要聆聽自己內在真心的聲音。「來，我們需要你」的「我們」是那個我們每一個人共有的良善心性，它需要被你聽到。我們，這個內心的聲音，正在，而且從過去到未來一直在發聲，它需要你。你，聽到了嗎？

太多人被社會化成為努力爭名爭利以證明自己有市場價值的市場社會人，以物質化的社會期待鞭策自己。這個世界迫切需要改善，過多比率的人遺忘溫柔強大的智慧心靈能量可以滿足所有身心需要，不虞匱乏。

感謝第四世界的夥伴們，鮮活地創造了巴黎聖母院附近的「地下室」第四世界平民大學。謝謝淑秀和她的夥伴一起翻譯了這一本書。讓「我們」的聲音顯化成為中文版的《讓發聲發生》。

二〇二二年一月二十四日

中文版推薦序五

第四世界運動，一種深入靈魂的助人工作

「人生百味」共同創辦人／巫彥德

我關注與投入都市貧窮與無家者的工作，現在是第七年。在這段時間，我未曾經驗過社會工作的專業訓練，這也讓我感受到惶恐，一直在尋求如何才是有效的助人方法。

在我投入都市貧窮議題的第三年，認識了第四世界運動持久志願者淑秀姐的時候，我問她，第四世界一開始來台灣，沒有資源的時候是如何與貧窮家庭建立關係，她跟我說，她會帶著美麗的繪本去拜訪在河邊搭建棲身之所的家庭。那時候的我覺得相當荒謬，當時我所認識的身處貧窮狀態的人，好像都是需要各種資源，帶書怎麼可能呢？當她跟我說，她帶著繪本去拜訪這些家庭時，跟他們的孩子一起閱讀時，是真心想要認識他們，想尋求他們的友誼，想知道他們對世界的看法。經過一段時間的互相認識，家庭總是熱切接待，有時甚至準備豐盛的餐點招待志願者，聽到這裡，我很驚訝的問淑秀姐說為什麼，她說，因為很少人來向他們尋求友誼，來向他們學習。

若不是淑秀姐真的是一個非常誠懇的人，我一定覺得這是一個加油添醋的故事，這件事

在我的心中成為一個傳說，令人驚訝，但半信半疑。而我又遇到另一個故事，我開始認為，這是一種我未曾踏足的助人工作方法。

在我投入現在工作的第五年，認識了通化街玫瑰天主堂的陸神父，他每週會帶著教友來到台北火車站去關懷無家者，在人生百味台北車站的據點「重修舊好」的好幾位無家的哥姐之後都跑去遙遠的通化街參與他們的活動，甚至還有人受洗，對此我覺得不可思議，我想說神父有何魅力，這麼讓人感動，有一次我問陸神父他們是如何進行關懷活動的，他說他會要求教友去台北車站的時候，不要準備物資，我覺得奇怪，問他為什麼，他說，因為如果他們帶著物資去，他們就會給出物資，但如果他們什麼都沒有，他們就只能給出他們自己。

聽到「給出自己」時，我的靈魂受到震撼，我從未想過，原來有一種助人方法，是給出自己，是交付自己在面對貧窮經驗者的無力與無助，是真誠的面對自己的心虛、恐懼與擔憂，至此，我才明白淑秀姐是如何走進貧窮家庭，那是真誠面對自己，交付自己的助人方法。

而第六年的時候，淑秀姐一邊翻譯本書，同時用書中「平民大學的精神」試辦讀書會，邀請我與幾位貧窮經驗者一起讀這本書，其中一場讀書會讓我印象深刻，有一位我認識已久的貧窮經驗者，他曾是無家者，我曾在不同的社會運動場合遇到他而感受到尷尬，因為他會參加許多講座，而且經常在問答時間舉手發言，但發言時間遠超過其他提問者，我感受到每當這種情況發生，現場許多人會覺得不耐煩，沒有人想聽他說話，當主持人嘗試提醒他，他也恍若未聞，繼續發言，這樣的情況常令我感到困窘與尷尬。

當我知道淑秀姐邀他參加讀書會時，一開始我擔心在讀書會也會發生一樣的情況。當讀書會到一段落，大家開始討論時，他一如往常，超時發言，主持人也提醒他時間，但同時也對他說的事情進行確認、給予肯定，提出好奇，非常重視他所說的話，即使有些內容與主題無關，現場其他的參與者也專注的聽著，因為這是平民大學的精神之一「重視那些過去未被重視的經驗，重視長期缺席者的聲音」，而這位大哥竟在發言到一段落時自己說出：「啊，我說太久了，讓其他人沒有機會說到話，我先講到這裡。」我才明白，也許是一直都沒有機會被好好的聽見，才必須不斷的說，這場讀書會結束後，我問這位大哥覺得今天感覺如何，他說他覺得很快樂，很久沒有這樣了。

那時候，我開始相信，關係決定了人的樣貌，當社會談論消除貧窮時，要改變的不是貧窮者，要改變的，是社會與貧窮者建立關係的樣貌，從外在的幫助，走向內外兼具的來往；從上對下的幫助，走向平等的連結。在我有限的工作經驗中，我感受到平等對待相當不容易，這需要深刻的思想與實踐成效的佐證，若你想尋求一種不一樣的助人工作，想與貧窮經驗者建立一種讓彼此都能充滿生命力的關係，你將能從本書得到你想要的經驗與方法。

中文版序
跨國界、跨文化的火炬

費鴻芳（Françoise Ferrand）

二〇二一年年初，淑秀的先生艾山從加拿大打電話給我，告訴我淑秀正在進行《那你們呢，你們怎麼想？》（法文書名直譯）的中文翻譯，多麼美麗的驚喜！這本書是我在一九九六年撰寫的，記述了巴黎第四世界平民大學的歷史與經驗。當艾山跟我提到淑秀在翻譯這本書所投注的熱情時，我不禁回想起一九九〇年代在**第四世界運動總部梅里（Méry-sur-Oise）**遇到的淑秀，當時她還是實習志願者，還那麼年輕，我記得她那極富感染力的笑容，對人的關懷，還有她在巴黎「地下室」參加第四世界平民大學的身影……。

感謝淑秀深入體認第四世界運動創始人若瑟．赫忍斯基神父（第四世界關鍵詞①）創造的這項行動，並偕同另外兩位年輕的譯者，將此書翻譯成中文。赤貧所衍生的不義是如此令人難以忍受，而若瑟神父開創的這條道路是如此的不同凡響，願它能成為臺灣讀者靈感的泉源。

我自己在多年陪伴第四世界的年輕人之後，在平民大學被他們的父母深深吸引，這些年輕人儘管家庭及社會處境極其艱難，卻仍懷抱著這個年紀的人特有的希望和幽默，有時甚至沒煩沒惱。而他們的父母則充滿勇氣，深切渴盼自己的孩子能夠學習，擁有一技之長，有辦法選擇自己的將來。

第四世界關鍵詞①

發起第四世界的若瑟．赫忍斯基神父

若瑟．赫忍斯基神父（Joseph Wresinski，一九一七～一九八八），國際第四世界運動創立人，他出生於法國昂熱（Angers）一個非常窮困的家庭，父親是波蘭人，母親是西班牙人。他十三歲就離開學校，成為一家糕餅店的學徒，後來加入勞工運動。

一九四六年，被祝聖為神父，他隨即加入工人神父運動，不斷尋找當地最窮困的勞工家庭。一九五六年，他的主教建議他到巴黎近郊的諾瓦集貧民窟，在這個充滿泥濘與垃圾的地方住了兩百五十多個貧窮家庭，他和這些家庭一起創立了第四世界運動。一九九〇年開始，來自不同國家、不同文化、不同信仰與社會背景的年輕人陸續加入他的行列，他們被他摧毀赤貧的堅定信念所吸引，一起建立了國際持久志願者團體。

他在不同的生活圈找到盟友，他們來自不同國家，歸屬於不同的社會體制，他邀請他們和赤貧家庭結盟，不再把極端貧窮當成不可避免的宿命。他成為法國窮人中最貧窮的人的代言人，並成為法國經濟社會理事會的成員，該理事會素有法國「第三議會」之稱。他在那裡寫下著名的《赫忍斯基報告》，影響了法國與歐洲對抗赤貧的立法，並轉化了聯合國對抗極端貧窮的概念與行動。

他的事蹟和著作現在被許多傳記作家、哲學家、神學家、社會科學家和文學家廣泛研究。位於法國的國際若瑟．赫忍斯基中心保存了他生平留下來的文獻與史料，旨在促進各種與貧窮有關的行動研究與出版工作。

一九八六年，若瑟神父邀我負責全歐洲的第四世界平民大學，並藉由主持巴黎聖母院附近的平民大學來達成這項使命，我一直擔心自己無法勝任這項挑戰。幸運的是，在若瑟神父去世前，整整一年的時間，我有機會跟在他身邊學習，他對第四世界平民大學胸懷壯志，我理解他的抱負，並深感共鳴。在此，我不打算重述若瑟神父原本的話語，因為本書已忠實陳述了。

我只想傳達一些我認為能夠跨國界、跨文化的一些基本原則，我一直努力發展並鞏固這些原則，以便讓第四世界平民大學得以發光，並且繼續成為深度變革的泉源。

第一個基本原則是與飽受排斥的貧窮家庭「共享生活」，這樣的分享可以透過不同的形式表達出來，目的在於建立彼此的信任，而 這樣的信任關係得要長期培養，才經得起考驗。

我們之所以在一起，因為我們是為正義與和平而努力的人。我們所建立的不是物質上的施捨關係，我們是旅程中的夥伴。這意味著我承認每個人都有思考與分析的能力、可以做出貢獻，相信不同的想法可以透過對談與交鋒變得更豐富。「共享生活」，也是一起歡笑、一起流淚、一起歌唱⋯⋯。

若瑟神父傳授給我的第二個基本原則就是，第四世界平民大學是個開放的平台，是培養公民素質的地方，在這個地方，每個人都能自豪地邀請左鄰右舍、孩子的老師、社會工作者或政治、宗教、工會領袖前來，在這個地方，可以遇到來自不同生活圈及不同專業背景的人。這點與我個人的信念完全相符，而且真正符合生活貧困者與赤貧家庭的期待。第四世界平民大學不是處理或解決「窮人的問題」的地方，而是一個一起活出新的公民身分的平台，無論你的社會處境如何，在這裡，透過與眾人息息相關的時事及社會議題，每個人的想法都被期待、尊重和討論。做為孩子的母親，談到學校，當然與我有關，過去是我的孩子，現在是我的孫子，我會追問，他們是否會關心班上學習遇到最多困難的同學？談到住宅，也跟我有關，為了接近第四世界的家庭，我會選擇住在甚麼樣的社區？談到健康，也跟我有關，有哪些沒有節制的行為會損害健康？又有哪些途徑可以幫助我維護健康？我們要一起提出哪些可以促進變革的路徑？

最後，第三個基本原則，是若瑟神父特別關心的，那就是第四世界平民大學應該並且保持是一所「大學」。意思是，平民大學不是一個「聊天的群組」，目的不是讓大家來傾訴心事，當然，全體大會進行之前所建立的信任關係，已經讓人可以互相談心了。平民大學是每位參與者前來學習、接受陶成的地方。我們邀請每個人都養成做筆記的習慣，都有自己的筆記本與保存記錄的資料夾。說過的話會隨風而散，但是文字紀錄卻會長存。我們在第四世界平民大學必須創造一些方法，讓那些沒有怎麼上過學的人也能書寫。我親眼見證到書寫帶來思考的精準度以及因此被理解的那種成就感。這就是為什麼，我挑選了一張結合發言與書寫的圖案作為本書的封面（此處指法文版封面）。無論是個別的發言或是與人對話，處境艱難的「活水成員」常常一針見血，展現出智慧，這樣的時刻總是讓人驚艷。讀者可在這本書中看到許多例子。

這麼多年來，第四世界平民大學已經遍布歐洲、北美、中南美洲，還有亞洲的菲律賓，為許多國家的立法帶來影響。

現在，多虧了第四世界在臺志同道合的夥伴、成員與支持者，感謝前監察院副院長孫大川先生多年來的投身，第四世界如此幸運，能夠有這樣忠信的長期盟友。未來你們將邀請舊雨新知，勇於跟生活在艱困環境中的個人或家庭建立友誼，共同開創臺灣第一所第四世界平民大學！

一九七二年以來，第四世界平民大學創造的這個共同陶成的平台一直保持著衝勁與活力，當然不能就此止步。在二〇〇〇年代初期，我和同為持久志願者的丈夫費洛德（Claude Ferrand），偕同第四世界運動的成員、還有大學與各專業領域的夥伴，一起開創了建構知識與陶成的新方法，也就是與生活貧困者一起進行「知識與實踐的交流互惠」（the Merging of Knowledge and Practices when working with people living in situations of poverty and social exclusion），這套方法讓擁有不同知識來源的人都能參與進來，彼此互動，所謂不同的知識來源，指的是生活貧困者、專業人士以及學者的知識。這種方法學是嚴謹的，好讓每一種型態的知識都受到尊重，並且透過交流互惠產生更全整的知識，以便讓各種專業陶成與行動計劃更貼近真實的生活。我們的目標一直是透過那些遭受不義，被剝奪自由與和平的人，來促進正義、和平與自由，好讓他們不再因此飽受折磨。

謹向這本書的譯者及出版者致上真摯的謝意，謝謝你們讓我得以將這把火炬傳遞到貴國。我相信你們會把它高高舉起，照亮身邊的人，甚至於超越國界，給出希望與喜樂。

於二〇二一年九月

法文版序

赤貧者和邊緣人能照亮社會正義

熱妮葉佛・戴高樂・安東尼奧

如果有一天，各種民意大會、各所大學、每個法庭、各家企業、工會與協會都動員起來，想方設法真正聆聽那些還沒有取得社會參與和公開發言管道的人民的聲音；如果有一天，這些地方都能夠重視底層人民的生活經驗，看重他們的知識、思想和人權；如果有一天，這些地方都能因此重新調整他們的決定、分析、判斷和行動，還有他們承擔的社會責任，那麼，我們才能說，我們真正贏得了一場決定性的奮鬥，每個人都成為真正的公民。

爭取公民身份是人類文明歷史上的長征，目的是要讓人民擺脫依賴、剝削和排斥，因為它們一再蹂躪了人性尊嚴。過去，我們先是憎惡，然後廢除了農奴和奴隸制度以及種族隔離，這是每個社會應該追求的榮光……即使種族歧視仍然是一種惡魔般的誘惑，有時甚至是一種毀滅性的悲劇。今天，我們的社會應該追求的榮光，首先是拒絕極端貧困，然後是根除它，因為它繼續攻擊或再次威脅我們成千上萬的同胞。

接著，我們應該將這榮光歸於那些曠野的呼聲，他們反抗赤貧造成的義憤，第一線的起義者中，我們不能忘記彼得神父（Abbé Pierre）。但另一方面，我們要感謝若瑟・赫忍斯基神父（Joseph Wresinski）開闢的道路：以赤貧同胞為核心，凝聚眾生，目的是和他們重新思考人性尊嚴與人類從事的各種活動，這就是第四世界運動所創造和引領的第四世界平民大學所見證的冒險旅程。

在那裡，有一所新的公民學校。在一定條件下，有可能使那些經歷極端貧困的人民和那些有辦法行使權利和責任的公民凝聚在一起，「鬧區街道擁有房地產的人民」和「流落街頭」的人民齊聚一堂。是的，這是可能的，他們可以相互欣賞，認可彼此，他們可以互相陶成，變得更有人性。

這對我們的民主制度也是絕對必要的：最貧窮和最被排斥的人比其他人更清楚正義和友愛的社會應該長成什麼樣貌，一個國家為了尊重所有公民的尊嚴應該做出多少努力，應該走到那個地步才算是貫徹到底。

但是，如果沒有人認識到赤貧者身懷絕技，如果沒人相信他們擁有知識和能力，加上社會經常貼標籤，說他們只是沒用的寄生蟲，他們怎麼會相信自己呢？如果沒有人與他們一起，淬鍊出他們獨特的訊息和語言，那麼，在一個經常只在他們身上看到匱乏和需求的社會中，他們的聲音怎麼可能被聽到？如果在重要的公立和私人機構中，沒有人和最貧窮的人一起接受共同陶成的訓練，以赤貧者的角度對社會做出不同的思考，那麼我們怎麼有辦法做出實質的改變，怎麼保證明天所有公民之間能夠發生真正的團結？

這就是第四世界平民大學的挑戰，他謙卑但一針見血地表明，未來大學應該是何種面貌，也就是在人文科學的各科系，不管是研究工作者、學者和學生都能熱切地想要知道最貧窮的同胞想甚麼，這樣一來，他們就會想方設法，想要和底層同胞相遇，想辦法理解他們，並與他們合作。

最後，我想特別向第四世界平民大學的所有這些朋友致意，站在第一線的人是你們。你們在自己的生命中，在家庭遭遇的痛苦中，親身經歷到各種權利被剝奪的滋味。現在，也正是你們，可以繼續告訴大家，這個嶄新的民主應該變成怎樣，在這樣的民主國家中，所有人的權利都得到真正的肯認，付諸實踐，徹底實現。你們並不孤獨，好些合作夥伴已經加入你們的行列。明天會有更多人和你們站在一起。

本文作者熱妮葉佛是戴高樂將軍的姪女（手持麥克風者）。

本文作者簡介

熱妮葉佛．戴高樂．安東尼奧（Geneviève de Gaulle Anthonioz，一九二〇～二〇〇二），曾擔任法國第四世界運動主席三十四年之久（一九六四～一九九八）。

二〇二〇年八月十五日，二戰結束後的七十五年，法國文化廣播電台推出八集紀念二戰期間最令人崇敬的八個法國重要人物，其中一集追念了熱妮葉佛．戴高樂。在這個節目中，我們重新聽到這位抵抗者的聲音，不管是抵抗納粹或極端貧窮。生前，她曾表示：「第四世界運動自一九五八年創立以來，造成的真正改變是窮人開始發聲。一開始當我在貧民窟遇見這些家庭時，他們無法發聲，他們或是大喊大叫，或是沉默不語。而我，我非常能夠理解這點，因為講話真的非常不容易。但是現在，他們學會發言了，他們組成代表團去會見法蘭西總統或法國總理，他們有話要說……他們是守夜者，他們發出的聲音讓這個社會不至於完全迷失方向。」出處：https://www.atd-quartmonde.org/ils-sont-des-veilleurs-dans-la-nuit-genevieve-de-gaulle-anthonioz/

作者引言

第四世界平民大學的初心

費鴻芳（Françoise Ferrand）

和年輕人工作十三年，一起創建第四世界青年運動①之後，一九八六年九月，我們全家搬到國際第四世界運動總部梅里（Méry-sur-Oise），創立人若瑟．赫忍斯基神父要我負責第四世界平民大學祕書處的工作，這使命與主持巴黎的平民大學相輔相成。

有兩年的時間，我有幸能夠在若瑟神父身邊學習，試著理解他在巴黎市中心創建這所大學的緣由，他親自主持多年，他是怎麼看待這所大學的演變的？平民大學的評估工作沒能在他活著的時候完成。一九九三年六月，卸下巴黎平民大學的主持任務之後，我覺得該是完成這項評估的時候了，應該要盤點我們從中學習到的一切。

為此，必須閱讀過去二十年來的歷史，並對這段歷史中的諸多參與者進行訪談，才能理解它的意義與影響力（參看附錄一：文獻與訪談列表）。盟友（第四世界關鍵詞②）布帕朗（Patrick Brun）是「主動學習法」的師資培訓專家，他在南特市書寫第四世界平民大學的評估報告。

1. 第四世界青年運動：第四世界運動專為年輕人設立的分支，創立於一九七三年，總部位於大巴黎區的香波市（Champeaux 77）。

我關心的則是這段歷史應該歸功於創建它的人，不是為了出版一本回憶錄，而是書寫這段經驗，見證這二十多年來在這個平台經歷過的種種。這段書寫變成這本書，作者是法蘭西島大區第四世界平民大學的參與者，他們發言，見證，憤慨，追問，教導……我想要尊敬他們原本的表達方式，既不發出評論，也不進行分析。這是我自己的方法。我喜歡他們既活潑又直接的表達。我在避免評斷這些發言的同時，也沒有刻意尋求中立。我對第四世界平民大學的理解很顯然是來自若瑟神父對我的諄諄教誨，眾多文獻的閱讀，還有我自己的親身經驗，有七年的時間我負責主持平民大學，在那裏遇到的許多人都影響了我。訪談內容的選擇則是出於對一致性和多樣性的關注。

第四世界關鍵詞②

盟友（Allies）

第四世界的盟友來自不同的生活圈，他們決定要成為至貧者的朋友，與最貧窮的家庭結盟。他們來自各行各業，不僅貢獻自己的專長，也借助自己的人脈，弭平社會與赤貧家庭漸行漸遠的鴻溝。他們樂意接受陶成，以便充實自己對極端貧窮的認識。他們的責任是在自己的專業領域、公民與社會生活中促進大家對赤貧同胞的理解，喚起每一位公民對至貧家庭的團結關懷。他們追求公義，試圖為赤貧同胞在各領域打開原本關閉的每一扇門，改變「人微言輕」的遊戲規則，賦予赤貧者的聲音應有的重量。結盟有兩層意義，首先是第四世界運動分佈世界各地的盟友編織起來的同盟，其次這也是這個運動的全球動員方式，廣結善緣，動員所有的公民與社會體制一起面對極端貧窮對弱勢同胞造成的嚴重傷害，一起戰勝社會排斥造成的分裂。

本書引述的話，有時候只是在某次平民大學的口頭發言，都經過當事人重新閱讀，並給出修正，好成為一個能被大眾理解的出版品。很遺憾地，出版之時，某些人已經過世，另一些人已經無法聯繫，但是，他們在當時做出的貢獻是如此重要，所以我覺得他們的名字理當被認識。歷史並非匿名，但是，如果無法一一提及，是為了不要讓讀者閱讀時太費勁。

這七年的時間是那樣的厚實，那麼多的發現與相遇，我想獻給所有第四世界平民大學的參與者一本書，讓他們可以透過它來與其他人對話，讓更多人可以理解這項共同行動的意義。這項行動並不是只給圈內人參加的一種私人俱樂部，它的存在應該讓更多人認識和肯定，因為它所見證的是一種嶄新的相遇，我們可以和最貧困的同胞展開新的對話方式。

有很多人、很多團體和機構都在探索新的路徑來面對貧困。第四世界平民大學並非唯一的答案，但是，它所建議的是一條可行的路徑。不過，有路可走還不夠，還得了解這條路要帶我們走到哪個方向。想要理解今天的第四世界平民大學，以便面對未來，就必須介紹它的演變和維持的時間。事實上，為什麼也有些創立人，像是二十世紀初首間平民大學的創辦人德喬治（Georges Deherme，1867-1937），他的初心是想讓勞工和知識分子可以分享知識，但，為什麼這個計畫後來卡住，甚至停擺？為什麼若瑟神父成功地展開這項行動，並且得以繼續發展？他發出的挑戰是讓身處極端貧困者有辦法以親身經驗為素材，成為傳道、授業、解惑的師者，這樣的挑戰看起來不是更像烏托邦嗎？

若瑟神父向我口授巴黎第四世界平民大學的歷史，他對一九七二年一開始的幾次相遇的分析，當時邀請的是傑出的講師來論述跟赤貧有關的議題，那段經驗引發他創造出另一種型態的相遇。

二十年之後，閱讀巴黎第四世界平民大學留下的檔案資料，面對過程中的種種追問、質疑和困境，我重新找到自己的疑問與擔憂，但也從中發現自己的信念。當然，在過程中，主持的方法不斷改進，獲得確認，而且越來越精煉；但是，與其說第四世界平民大學是一些方法的實踐，不如說這是一個建議給大家的一種持續不斷的努力，那就是讓赤貧者面臨的處境與表達的一切，不斷向我們提出質問與教導。為了讓這樣的努力成為一種生活方式，我覺得不能背離初衷，也就是給第四世界平民大學的創立人一個重要的位子，因為如果我們沒有理解源頭，那麼每一種行動都有可能偏離初心。

在成為一種行動的方法之前，第四世界平民大學首先是一種關係，有一群人，他們的關係建基於共同的目標，那就是根除赤貧。當然，在第四世界運動內部和其他協會組織都有其他行動存在，它們的共通之處就是深刻且無條件地尊敬每個人的尊嚴。

對本書來說，有好些人接受了這個挑戰，那就是陳述自己出於信任，加上第四世界平民大學所提供的各種媒介，他們如何走上這條道路，為了讓自己的經驗有益於眾生。

當一個人身處貧困，公開發言不是一件易事，不管是在第四世界平民大學或是在其他公眾場合。他們所發出的言語從來就不是文謅謅的演講，而是和活生生的受辱與受苦的經驗有關。即使在第四世界平民大學，每個參與者都心懷善意，但是，不被理解的風險一直都在。

對赤貧界非常陌生的外行人受邀到來向貧困者學習，當他們聽到一個婦女見證她對先生的愛意，即使先生喝醉時，偶爾會對她拳打腳踢，他們有辦法真正理解她想表達的嗎？當這位婦女最後總結道：「我老公當然有很多缺點，但我確信他這一生一定會有所成就。我不會把任何人踩在腳底下，我看著自己的鞋底，不管怎樣，老公還是比它高，我就是這樣，我天生就是這樣。」這位婦女有理由信任大家嗎？會不會有人在無意間判斷了她？她給出自己充滿勇氣或愛意的例子，大家可能在當晚受到感動，或者欽佩她，但是，大家會懂得以更寬廣的幅度理解她，而不將她的話語窄化在一個短短的例子裏面嗎？我們是否聽到她的召喚，永遠不要對人感到失望？我們是否懂得答覆她，讓自己和她與她的先生同行，創造各種新的方法，不管是在文化、社會、經濟、靈修與政治層次，好讓每個家庭都能有尊嚴地過日子？這就是第四世界平民大學面對的挑戰。

這本書建議大家一場又一場的相遇，去認識試圖互相支持的一群人，他們希望自己對世界的認識和他們的行動能夠終結赤貧。所有在這個平台遇到的人，他們的面容、聲音和靜默對我來說都非常珍貴。讓生活在極端貧困中的人發言並不是一種教育方法的練習，也不是對某種意識形態的堅信不疑，而是一種緊急的需要，為了建立一個更人性的社會。聽到窮人的聲音不能只是一小撮人的特權。我們都歸屬於同一個人類大家庭，大家都是平等的，我們對正義與和平的渴望是相似的。

一九八七年十二月，若瑟神父逝世前不久，受邀到巴黎第四世界平民大學介紹他的新書《給明天的話》，每個參與者事前都閱讀了，那是他最後一次參加。那天晚上，他一直將這本書和他在法國經濟社會理事會發表的《極端貧窮與經濟社會的不穩定》報告書（第四世界關鍵詞③）做連結。他的新作談的是他一生在世界各個赤貧之地遇到的男女老少，他那麼深地愛著他們，而法國經濟社會理事會表決通過的這份報告書，談的則是對抗赤貧的政策建議，若瑟神父在為這兩篇書寫作出概括的時候，我們理解到這兩者是連貫的，他也為我們指出第四世界平民大學未來要繼續追隨的路徑。

第四世界關鍵詞③

《極端貧窮與經濟社會的不穩定》報告書

又稱《赫忍斯基報告書》，英文版譯為《長期貧困與基本安全的匱乏》（*Chronic Poverty and Lack of Basic Security*），一九八七年二月十一日，若瑟．赫忍斯基神父以法國社會經濟理事會的名義發表此報告，該報告體現了對抗貧窮全面的、嚴謹的、前瞻性的計劃。赤貧，首次在官方報告中被視為是對人權的侵犯。

第一章

「來，我們需要你。」

馬果女士（Macaud）從一九七五年開始參加巴黎第四世界平民大學，因為地點在巴黎市中心一間「地下室」，他們就把巴黎第四世界平民大學簡稱「地下室」。那間石砌的地下室空間廣闊，在塞納河邊，巴黎聖母院近在咫尺。她在「地下室」的經歷就像一本指南，讓大家了解在這個平台發生了甚麼。

有人邀請，我們就去看看……

馬果女士和她的家人在一九七五年住進愛不累（Herblay）②社宅，他們全家在那裏住了三年，打從住在那裏的前幾個月，她就開始參加巴黎第四世界平民大學：「去過『地下室』的家庭邀請我們，我們就去看看，然後就留了下來。之後，換我們邀請其他人。一開始是我先生去，然後就輪流去。之前，大部分時間是社區的男人先去參加，後來，我們決定輪流，有時候也要換成男人留在家裡照顧小孩。再後來，就變成組團參加，我們組織起來，兩、三個家庭輪流照顧彼此的小孩，家長輪流去參加。一九七八年，我們就被分配到別的社宅。」

如果我們邀請你們，你們會來嗎？

從那時候開始，馬果女士就開始參加跟第四世界平民大學有關的活動，她特別記得一九七五年的婦女大會，那年是國際婦女年。為了聆聽第四世界婦女的見證和宣言，許多記者和名人都來到現場，馬果女士有機會公開發言：「我跟他們說，我們是很窮沒錯，如果我

2. 愛不累家庭社宅（Cité de promotion familiale et sociale d'Herblay）：創建於一九七一年，旨在全力支持赤貧家庭，以維護家庭的完整，確保家庭的居住權，使每個家庭都能掌握自己的命運並重新融入社會。在家庭社宅，每個家庭都有自己獨立的住房，為期二至三年，讓他們得以休生養息，規劃未來。一個持久志願者團隊派駐當地，協助每個家庭實現他們的計劃，並組織帶領社區活動，例如家庭中心（foyer familial）與學前學校（pré-école）……。愛不累家庭社宅於一九九三年停辦，後續移交各省級主管機關接手。而第四世界運動則投入另一個位在瓦茲河谷省（Val d'Oise）的赤貧區域。

們請你們到家裡來，你們會來嗎？有錢人去到窮人家很重要，他們才會意識到窮人的真實生活。如果有錢人來我們家住上七、八天，我們就有機會好好交流，我肯定很多法律會改變……。」

這個想法，馬果女士一直堅持著，因為在一九九三年，她再次聲明：「我一直覺得應該有機會讓有錢人跟窮人住上一個月，分享窮人微薄的薪水，然後，你一定會看到改變。我相信赤貧之所以繼續存在，是因為大家對窮人不夠認識，缺乏認識或是缺乏資訊。大家看不到一個貧窮的母親不吃不喝，只是為了給孩子買一雙鞋。我的老闆們說他們賺的錢不夠花，他們的收入是我們的十倍，他們沒有意識到這點。」

馬果女士工作時間很長，她替很多戶人家清潔打掃。她徒步從一個市鎮走到另一個市鎮為人打掃：「我的父母不曾富裕過，我父親和我母親替一間農場工作。我三歲或四歲的時候就跟著我母親在甜菜園裡吃飯，因為她替甜菜園翻土。我從來就不會因為有這樣的父母感到自卑，他們為了養育我們不眠不休地工作，我長大後也一樣，為了養育小孩，拚命工作。」

在「地下室」學習到我們的權利……

一九七八年馬果女士搬離「愛不累」平宅之後，有好幾年的時間沒來參加平民大學。九年後，也就是一直到一九八七年，第四世界慶祝三十周年，她才再次回鍋。從那時候開始，她積極參與，因為她將她自己為家庭的奮鬥和她在「地下室」學到的東西做出連結：

「在『地下室』，我們學習到我們擁有各種權利，然後，就是我們自己要去想辦法，每個人要去努力尋找，試著了解得更多。

如果我沒去過『地下室』，我就不會去市政府要求我所需要的一切，因為我確定我有權利提出那些要求。為了埋葬我先生，如果我沒去過地下室，可能他就會像很多窮人一樣，被埋在亂葬崗。在地下室，我們學習到各種立法與我們的各項權利。知道自己的權利，就可以站出來捍衛自己。以我先生的葬禮為例，我學習到在市政府有一些基金可以幫助我。在社會局，有一筆基金可以幫助有需要的人。我跟市長助理約了時間，我跟他解釋。這就是『地下室』給出的力量，我們學到一些原本不知道的事情。

像省衛生福利處也是一樣，如果我沒參加平民大學，我一定不敢去替我兒子要求獎學金，好讓他可以去職業學校學印刷。

想跟一點都不認識『地下室』的人介紹平民大學，我會說這是一所學校，在那裏我們可以學習認識我們的權利，因為我們可以認識各種法律：融入社會基本收入法（RMI）③，跟家庭有關的法律，跟住宅有關的法律。我會說那是一所認識各種權利的學校。討論歐洲的那年，講的是作為公民的權利。我的聲音跟特朗總統一樣重要，我們都是完整的公民。在投票的日子，每一票都有同等的價值。此外，還有表達的權利。即使有人不識字，無法閱讀，我們還是尊敬他，我們幫他念，幫他理解。在平民大學，我們也學會不要打斷別人，要幫他表達，讓他說出心聲。這是平民大學的規定，也是若瑟神父訂下的規矩。他教我們要尊敬別人。」

學習自己的權利好能護衛自己，但，也幫助別人維權。馬果女士陪伴一位非常貧困的婦

3. 譯註：「融入社會的基本收入」，字面直翻是「融入的最低收入」（Le revenu minimum d'insertion，RMI），是法國最低生活保障金制度，於一九八八年十二月一日公布實行。其目標是保障人民得以跨越滿足社會生活的最低門檻（un seuil de ressources minimum），使其脫離貧困，重新就業，回歸社會。

女去參加一場由平價住宅管理處組織的會議，目的是維護她居住的權利：

「因為參加過平民大學，我才敢站出來發言，否則，我一定是默默待在角落，不敢出聲。」

她也很重視她在住宅委員會的參與，那是第四世界在瓦茲河谷省組織起來的。有一對年輕夫婦失去住所，他們的小孩被社會局安置，對她來說為這對夫婦找到住所特別重要，因為她知道沒有穩定的居所是甚麼滋味，她在搬到愛不累之前，有很多年的時間跟家人住在一間沒有暖氣的單人房：

「如果你沒有房子住，那你就自然而然地甚麼都沒有。有人寧願住在旅行掛車裡面，但是，你在掛車裡面也是要有必要的設備，才不會到處都是老鼠。如果沒有平民大學，我今天就不會是這個樣子。這個地方讓我有力量去幫助別人，我自己走出來了，別人一定也可以走出來。我是這麼想的，因為別人幫助我，所以我走出來了，如果我和這個運動 提供幫助，他們應該也可以走出來。」

一個生活在極端貧困中的家庭走出來是甚麼意思？在甚麼時候，我們可以說一個家庭脫貧了？馬果女士說：「脫貧就是過正常的生活，有一個正常的家庭，有收入，先生有一技之長，孩子留在家裡一起過日子，有遮風避雨的房子，擁有可以過正常生活的一切。」

第四世界平民大學是一個學習維權的地方，對馬果女士來說，這也是一個生活在赤貧中的人確定自己可以講話，可以被聆聽的地方。她邀請她的弟弟，弟媳婦來參加，她也邀請一個借住在她家裡的年輕婦女和鄰居來參加，還邀請了跟她同鄉的人。

在平民大學，我們認識到窮人的生命

馬果女士說：「『地下室』這個地方就是要讓人可以講話，讓他們可以說出自己的心聲，有些人在『地下室』說的話不會在別的地方說，因為他們知道在『地下室』，他們會受到尊敬，他們的話有人要聽，他們說出來的話不會被到處散播，也不會被顛倒扭曲。他們知道他們說出來的話不會被拿來攻擊他們，相反地，如果被拿來用，是為了幫助他們。跟孩子的問題，他們比較容易在『地下室』表達出來，反而比較不敢跟社工說。這就是為什麼應該有更多人來參加，像是政府單位的人，他們應該來聽聽這些人說話。那些想要更認識若瑟神父或第四世界運動的歷史的人應該去若瑟．赫忍斯基中心（第四世界關鍵詞④）或是參加夏天的研討會④，像我參加過的一樣。

第四世界關鍵詞④

若瑟．赫忍斯基中心

位於巴黎北郊的八冶鎮（Baillet-en-France），一九八八年第四世界運動創辦人辭世後，此處即作為收藏他所有的手稿與發言紀錄的中心。第四世界的家庭也希望

4. 第四世界平民大學夏季研討會：開辦於一九八七年，自一九九〇年來，每年舉行為期一周，針對第四世界運動歷史的培訓，開放給所有有意願的人參加。來自歐洲各地的平民大學與會者有四十至五十位。除了歷史的探索之外，培訓還包括基礎學習的時間，例如，記筆記、如何使用文獻資料、如何進行調查研究等，也包括藝術與戲劇表演。

為這個運動的新階段任務帶來貢獻，為此，一九九二年以及一九九三年，巴黎平民大學的參與者受邀來到若瑟．赫忍斯基中心，分享他們對於若瑟神父的文本的見解。不約而同，大家所挑選的文章都不是若瑟神父對赤貧家庭的談話，而是他對志願者或盟友的談話。這個地方後來擴建為國際赫忍斯基中心，收藏的不僅是創立人的文稿，也包括世界各地貧窮家庭的歷史紀錄，以及第四世界運動在全球的反貧困行動留下的痕跡，不管是文字、藝術作品還是影音、影像紀錄。

這些人之所以信任『地下室』，是因為他們認識若瑟神父或是認識志願者，他們知道若瑟神父或志願者在那裏是為了幫助他們，而不是要把他們壓得更低。他們或許也是看到有人有辦法擺脫貧窮，就像那些找房子的人後來就找到房子，這些也都給人希望。

那些成功擺脫貧窮的人應該要繼續回來，這樣才能鼓勵其他人。我記得蓋洛（Garaud）先生成功找到房子的時候，你真該看看他宣布消息的時候那個表情，這些都給其他人勇氣。或是有人獲得訪視孩子的權利，因為我不知道他已經有多長一段時間沒見到他兒子，然後他得到了訪視的權利。這些都是很能鼓舞人心的消息。

如果有人能夠脫貧，那代表大家都有機會。我不懂為什麼還有那麼多人過得那麼辛苦！」透過規律參與平民大學，馬果女士試著理解身邊那些比她更貧困的人。

一個人為了養活一家人，卻遭遇各種難關，這時候還要表現出堅強的意志並不容易：「以前我有一個鄰居，她為了喝酒，甚至讓自己的孩子餓肚子，有一次，我跟她先生聊

馬果女士（Macaud），右一。

到這件事，他就說：『她喝酒，因為她是個酒鬼，沒甚麼好說的。』有一天，我去她家，跟她聊，她失去一個才幾個月大的嬰孩，她覺得兒子的死是她的錯，就是因為這樣，她就一路墜落，她說：『我喝醉的時候，就不會想太多，我就睡著了，不再想這些事。』

有些人來到『地下室』的時候，煩躁不安，一肚子氣，這就是他們的生活。過得不好的人，當然就滿腹委屈，煩躁不安也是很正常。這也是平民大學的一部份，二十年前，我也是那樣，所以我覺得會這樣也是很正常。有些人來的時候喝了一點酒，那也是生活的一部份，如果一個人喝酒，那是因為他過得不好，如果日子好過，他就不會喝了。遇到很多問題的人，他就只能湊合著過，但是，也是要學會尊敬別人。喝了一點酒的人比其他人更容易動怒，但是，他自己沒有意識到他麻煩到大家。這也是窮人生活的一部份。

但是，喝得醉醺醺的人沒必要來到『地下室』，本來就是這樣。很難讓家境富裕的人了解我們過的日子。也許有些變得富裕的人是因為非常努力工作，然後也經歷過很艱困的時候，他們比較可以了解。一個人拚命工作才闖出一片天地，比較容易理解別人。

如果一個人一出生就含著金湯匙，然後一直過得很優渥，他們比較不能理解別人的難處，這些人更應該來平民大學。來到這個地方，他們應該先聽，他們如果想講話，當然也行，但是，他們應該先好好聆聽，然後他們可以發言。他們可以為他們所聽到的做見證，他們的角色是去到市政府，去到任何應該去的地方，告訴大家窮人是怎麼過日子的，如果有人想要知道更多，因為他們受的教育比較多，他們就可以給出資訊。」

一九八八年五月馬果女士在一次第四世界平民大學和其他參與者的對話很能說明上面這段話。

一位職業婦女（她是個祕書）問：「我想問的是，我來這裡的用處是甚麼，也就是說我可以帶給別人甚麼？」

馬果女士：「就是去告訴大家，不要害怕在你身邊跟別人說。」

這位婦女：「我的意思不是這樣。對第四世界的人來說，我來不來這裡，有甚麼不一樣？」

馬果女士：「您來這裡，是要跟我們一起經歷。然後，您要去跟大家說，在第四世界發生了甚麼事。」

這位婦女：「好，這個我同意。但是，如果我今天沒來這裡，也不會有差。」

馬果女士：「怎麼會。如果您沒來到這裡，您就無法了解窮人是怎麼過日子的，您就無法見證您在這裡聽到的一切。」

這位婦女：「我還是很疑惑，我來平民大學可以給第四世界的人帶來甚麼改變？」

馬果女士：「帶來一種支持。我想，如果您來這裡，一定是您有意識到甚麼。如果您甚麼都沒有意識到，您就不會來。如果老是窮人在那裏講貧窮，大家一定受不了。如果有盟友來，他們也加入，就是一種支持。」

另一位在廣告公司上班的婦女：「特別是因為我們接觸的生活圈不一樣。我們在職場可以接觸到不同階層的人，並說一些第四世界家庭在生活中可能沒有機會說的話。我們看不到的是，生活在赤貧中，是一場每分每秒都在進行的奮鬥，一場每天的拚搏。這個是我參加平民大學之後才學到的，而且我相信這真的引發我對他們的敬意。我看人的方式就不一樣了，跟外界交談的時候，我的反應也會不一樣，現在，我無法接受那些對窮人的偏見。」

馬果女士：「意思是您站在貧窮家庭這邊。」

我學到若瑟神父的膽量

從一九八七年到一九九三年，整整七年的時間，馬果女士全程參與第四世界平民大學，有兩年的時間，她也帶她的大兒子法蘭克（Frank）來參加，然後，有時也會帶她其他的幾個兒子來。後來法蘭克加入了第四世界青年運動。

她以自己的筆記為基礎，花時間謄寫平民大學的會議摘要，而且每天閱讀《巴黎日報》，養成做剪報的習慣。法國大革命兩百周年，她每天都仔細閱讀描述這場大革命的系列專欄。那年在第四世界平民大學，我們也研究這段期間的歷史，並在博亨利（Henri Bossan）⑤的幫助下，認識了杜傅尼・德・維力耶（Dufourny de Villiers）的奮鬥，他出版了「第四階級陳情書，表達貧窮的農村短工、殘疾人士、乞丐、貧病不幸者這個神聖階級的心聲。」杜傅尼・德・維力耶並沒有在寫給公眾的歷史書上被提及，馬果女士注意到這點：「我每天看報，都沒看到有人提到他，因為專欄作家都沒提到他，我想寫信給他們，我請博亨利幫我，為了寫這封信，我們花了兩個上午的時間，三個禮拜後，我收到報社的回信。」

第四世界關鍵詞⑤

「第四世界」

一詞源自「第四階級」於一七八九年法國大革命期間的陳情，出自法國國民議會議員杜傅尼・德・維力耶（Dufourny de Villiers）於一七八九年提出的《第四階級陳情書》（*Les cahiers du Quatrième Ordre*）。社會學家讓・拉賓斯（Jean Labbens）將此詞作為書名《第四世界：下層無產階級的境況》，一九六九年由第四世界出版。

5. 博亨利（Henri Bossan）：化學工程師，一九七〇年成為持久志願者。自一九七四年以來，他一直是第四世界人權委員會的負責人，致力於捍衛赤貧家庭的權利。他在第四世界運動投身的重要里程碑，分別奉獻給巴黎郊區的史坦市、法國馬賽、美國紐約、中美海地、中非和法國阿爾薩斯。

馬果女士越來越有自信，她堅定熱切地邀請每個人都來為對抗赤貧盡一份心力。她解釋道：「去過平民大學，站出來說話，讓人有力量。我個性本來比較內向，我從若瑟神父那裏學到膽量，他有辦法做到，我們沒道理做不到。他為好多事做出奮鬥。山不轉，人轉，這條路辦不成，他就走另一條路，他總是能夠抵達目的地。」馬果女士記得，打一九七五年開始，她就有機會表達自己堅定的決心，她邀請法國總統吉斯卡爾・德斯坦（Giscard D'Estaing，或譯季斯卡）和第一夫人到她家裡坐坐，她是在國際婦女年的大會遇到總統夫人的：「他們經常造訪的是比較富裕的人家，但是，他們也來到我們的『愛不累』社宅。有錢人家來貧窮人家拜訪是非常重要的，當時我有一個兒子住院，我有機會跟他們解釋沒錢付醫療費用產生的問題。」

馬果女士解釋她走過的路徑：「我感覺到，因為有人信任我們，我們就應該對自己有自信，如果有人請我們幫忙一些事，那就表示我們有能力完成。

這一直是若瑟神父要的，就是讓人首先意識到他們的責任。他來「愛不累」社宅的時候，總是說：『我們跟你們一起工作，不是為你們工作。』這就證明他把每個人都看成有能力的人，而不是把他們當成沒用的廢物。即使他們很窮，他們還是有能力。赤貧就是別人把你當成沒用的廢物。」

好幾年來，馬果女士總是接受各種公開演講的邀請，告訴大家生活在極端貧困中的人是怎麼跟第四世界運動一起展開奮鬥。她不斷重複強調：「赤貧之所以繼續存在，是因為大眾不知道他們過的是甚麼樣的生活。」對她來說，第四世界平民大學給出答覆：「很多人詢問他們可以提供甚麼幫助，我跟他們說第一件事就是來平民大學聆聽我們，然後，他們可以思考，決定要不要投入。」例如，一九九〇年三月討論的主題是新聞媒體，有一名女記者受邀到平民大學。

馬果女士：「我想跟您說，您既然來到這裡，您為何不在貴報寫篇報導說：昨天我去聆聽窮人發聲，他們有好多事情要告訴大家？」

女記者：「我？」

馬果女士：「沒錯，您來聆聽我們，您理解我們，您可以試試看。」

女記者：「我同意，但是，您可以想像，我不是總編輯，我上頭還有很多個老闆。」

馬果女士：「如果您願意，我們可以陪您去。」

女記者：「有朝一日，您跟我一起去，您就會看到我跟老闆們討論，只是為了跟他們說：我遇到第四世界的家庭。」

馬果女士：「要把您的老闆們都帶到這裡來。」

沒有匱乏經驗的人，無法想像……

對馬果女士來說，每次平民大學邀請的來賓都非常重要，他們受邀跟大家對話：「邀請的來賓還不夠多，每個月都應該邀請一位來賓。我們曾經邀請過史塔瑪（Mario Stasi）律師、創作歌手羅倫佛西（Laurent Voulzy），還有替諾瓦集（第四世界關鍵詞⑥）小教堂製作玻璃花窗的約翰．巴塞尼（Jean Bazaine）。有一個來賓跟我們談融入社會的最低收入保障，邀請過記者、神父等。邀請他們很重要，因為他們沒有匱乏的經驗，所以這些人根本無法想像窮人的生活。來平民大學，他們可以學一大堆東西，他們會聽到有人露宿在樹林裡，事情不應該這樣。或是，當你只有少少的錢，就只能吃白飯配鹽巴。或者你只能賒帳，不然周末就只好餓肚子，然後到了月底，工資下來後，就要去還錢，那下個月的生活費就又短缺，然後，又要去賒帳，沒完沒了。」

第四世界關鍵詞⑥

諾瓦集貧民窟（Noisy-le-Grand）

位於法國巴黎北郊，一九五六年，若瑟神父的主教建議他到這裡任職，當時這座貧民窟充滿泥濘與垃圾，住了兩百五十多個貧窮家庭，他和這些家庭一起創立了第四世界運動，打造了一個社區總體營造計畫，保護赤貧者過家庭生活的權利（La cité de promotion familiale et sociale），他們在貧困區建造聚會所與文化站點：圖書館、幼稚園、婦女中心、工作坊等。若瑟神父一直把這個計畫視為這些家庭重新融入社會的跳板，透過各種努力，讓他們重新取得本該享有的各種基本權利。

她也曾經掉到谷底，世界看起來都是黑色的：「有時候真希望自己可以更堅強，上個禮

活水成員與著名歌手羅倫佛西（Laurent Voulzy，右）。

拜，我遇到一大堆問題，我還是鼓起勇氣去工作，即使連續哭了好幾個晚上，我還是出門工作。我跟自己說：要振作起來。但是，那些孤孤單單的人，跌倒後，很不容易爬起來。這就是為什麼一定要打破孤立，一定要歸屬於一個團體，這樣才可以互相扶持，有人可以商量，如果你孤單一人，就很容易鑽牛角尖。」

來，我們需要你……

去和最貧窮的人相遇成了馬果女士的第二天性，她回憶起自己曾經花了好長一段時間才終於和同一個社區的家庭取得聯繫：「平常我們在路上看到彼此，就只是簡單點個頭。他們家的一個小孩跟別人託我照顧的小孩念同班，我給他們家的小朋友一張邀請函，因為第四世界在瓦茲河谷省辦了一場聖誕節的活動，後來我就去他們家拜訪，看他的父母要不要來參加，他們不想來，但是願意讓我帶他們的幾個孩子去。之後，這個家庭的爸爸才跟我去參加平民大學，我先邀他參加準備小組的聚會。」

在各地的準備小組，大家可以互相幫助，預先討論主題。因為馬果女士現在已經很有經驗，所以她在自己所在的市鎮投入準備工作：「準備小組的會議非常重要，因為我們知道大會要討論甚麼，這樣，去巴黎參加大會的時候，我們已經清楚自己要說甚麼。我們先按區分小組，我們在埃爾蒙鎮（Ermont）有一個小組，在聖烏駱鎮（Saint-Ouen l'Aumône）、阿讓特伊（Argenteuil）也各有一個。我們先在皮爾耶⑥（Pierrelaye）集合，然後一起去巴黎的地下室會議廳。這幫助我們認識社區其他鄰居，例如，有一個太太，我去她家喝過咖啡，我不知道她會跟我談她的問題，我有好好聽她說，如果我沒參加過平民大學，我可能沒辦法當一個很好的聽眾。這樣的經驗讓人開心，能夠學以致用當然讓人開心。她因為遲繳租金被法院傳喚，我跟她說不用怕，我要工作不能陪她去，但是，我會找人跟她一起去。」

送一朵花給塔波里（Tapori）

馬果女士無法將自己的日常跟她在平民大學和第四世界運動的投身分開：「有些事情讓我很開心，比方說我的老闆也來參加十月十七號的活動，一開始我跟她提，她不是那麼想來，最後，她還是帶她八歲的兒子一起來，他做了一朵花給塔波里。離開前，她跟我說：『現在我知道你們的會議很重要，以後我會準時到辦公室，讓你可以放心去參加。』」

6. 皮爾耶（Pierrelaye）：一九六六年，第四世界運動在瓦茲河谷省皮爾耶鎮購得一棟房子，讓志願者可以在貧困區以外的地方聚會、接受陶成，避免給住在赤貧區的家庭帶來負擔。此處後來成為國際第四世界運動的官方地址，設有各種不同的分支機構，支持派駐世界各地的團隊。

馬果女士為她這些年在平民大學的參與做出這樣的結論：「平民大學給窮人發言權，若瑟神父說過，他要找一個平台讓窮人可以表達自己，接著，他們就可以去其他地方發聲，如果你可以在平民大學表達自己，像我那樣，就有辦法去每個地方發聲。」

第四世界關鍵詞⑦

塔波里兒童運動（Tapori）

塔波里是一股以友誼與理解為基礎的兒童運動，希望所有的兒童都能擁有同等的機會，並相信兒童從小就有能力關注身邊最貧窮、最孤單、最容易被冷落的小朋友，大家可以不分貧富，在友誼中相遇、互助。

塔波里兒童運動起源於一九六七年，由第四世界運動創立人若瑟・赫忍斯基神父發起。當時他應德蘭修女之邀，去印度回訪。旅程中，他在孟買火車站與一群非常貧窮的孩子相遇，這些小孩徘徊在火車上，撿食旅客丟棄或剩下的食物，他們互相幫助，讓所有的小孩都可以果腹；若瑟神父希望跟這群小朋友講話，但是他的翻譯卻告訴他：「不需要浪費唇舌，他們只不過是一群塔波里（印度語含有貶意，指流浪街頭的人）。」

回到法國後，他向一群來自不同生活圈的兒童說道：「我常想到那群小小的塔波里，他們雖然一無所有卻生存下來，而且懂得互相幫助。在你們關心他人、與人分享的時候，你們也是勇敢的塔波里。小朋友擁有的雖然不多，但是，你們可以找到辦法，用你們的友誼，攜手建立一個沒有赤貧的世界。」

為了紀念這群即使生活艱難卻依然互相友愛的孩子，若瑟神父將第四世界兒童運動取名為塔波里，他希望所有的小朋友都能一起拒絕不公平的事，並且以他們的方法和別人一起活出內心深處的夢想。就這樣，塔波里以最貧窮的兒童為核心，成為一個國際性的兒童運動。今天，塔波里分布在世界各大洲，除了《塔波里月刊》（*Tapori newsletter*），也出版一系列勇敢小孩的迷你書，中文版由台北輔仁大學外語學院師生協助翻譯，請參看塔波里多語網站：http://www.tapori.org/site/。

第二章

法國歷史中的平民大學

為了理解「第四世界平民大學」的獨創性，有必要拉回十九世紀末所創立的平民大學，回顧幾段重要的歷史。

第一所平民大學於一八九九年由德喬治（Georges Deherme）創立，地址設在巴黎聖安東尼郊區路（Faubourg Saint Antoine）。

德喬治是個印刷工人，透過自學，他結交了不少知識分子。

「由於德喬治在自學的過程中，沒有人引領和指導，吃了不少苦頭，所以他希望能動員最頂尖的學者專家，讓想要進一步學習的勞工不用走冤枉路。工人需要學者才能獲得學習方法，工人則可以用具體的生活經驗和知識分子作為交換，這些經驗跟實驗室的所有經驗，和所有的抽象的哲學思考有著同等價值。」[7]

十九世紀末相當有利於平民大學的開創，當時在法國開始有了普選權，雖然只侷限男性，總理茹費理（Jules Ferry）為兒童設立了免費與非宗教的小學，而且為青少年和成人設立的夜間補校如雨後春筍般快速增加。為工人開設的課程則於一八三〇年開始，地點在巴黎綜合理工學院。

歷史學家梅陸喜（Lucien Mercier）[8]強調德喬治訂下的目標：「德喬治雄心壯志，希望藉由平民大學，勞工和知識分子可以編織友誼，互為師生，知識分子可以貢獻他們的知識和學習方法，勞工可以用他們在生活中累積的具體認識作為交換，這樣一來，雙方都可以獲得益處。但是，知識分子在面對勞工這群聽眾時，遇到非常嚴重的困難，難以適應。他們對勞動階層、對社會問題幾乎是一無所知，他們來到平民大學，卻不認識這群聽眾。」

7. 列昂・史特勞斯（Léon Strauss）：法國歷史學家，時任史特拉斯堡政治學院講師，於《阿爾薩斯四季》期刊（Saisons d'Alsace）第一一二期中發表《一個烏托邦的失敗》（*L'échec d'une utopie*）。

8. 梅陸喜（Lucien Mercier）：歷史學者，一九九一年與Charles Temmerson一起接受法國文化電臺專訪談論平民大學的歷史。

平民大學的發展與凋零

第一所由德喬治創立的平民大學叫做「腦力激盪合作社」（La Coopération des idées），每一所平民大學都有自己的名字：社會教育、播種、覺醒、重獲自由、團結關懷……。每天晚上八點至十點都有演講，講者都是頂尖的教授，講題包括法國歷史、文學、哲學、物理、自然科學、地理、政治經濟、社會學等。

德喬治的目標是訓練出一批優秀的勞工菁英，他招募到的第一批勞工來自圖書印刷協會。

平民大學一開始蓬勃發展，但是，很快就走下坡。壽命很短，一八九九年開始，一九一〇年就吹熄燈號了。根據不同文獻來源，他們所接觸到的聽眾：四分之一的小資產階級或知識分子，一半的辦公室職員，四分之一的工人。一八九九年，有十五所平民大學，一九〇七年，一百六十九所，幾乎每一座中等城市都有自己的平民大學，大城市則有好幾所。

值得注意的是，一八九九年到一九〇五年的平民大學的歷史都是以創辦的知識分子的見證為基礎撰寫出來的，都沒有參與者的見證。

如何解釋平民大學如此快速的衰落？它不是答覆了一個真正的需要嗎？知識分子的積極參與是創立平民大學的條件，但是，很快地，他們成為唯一決定運作方式的人，而德喬治期待的卻是知識的交換。工人被排除在平民大學的主持和決策之外，在每一場演講中，通常工人都只是被動參與。德喬治本身從一九〇四年開始就被「腦力激盪合作社」除名。

打從一九〇五年開始，不管是演講者傳授知識的形式、節奏，還是大家對平民大學的終極目標意見分歧，都造成初衷的背離，平民大學轉變成一種提供訓練課程的職業學校，或是提供娛樂活動的休閒中心，在眾多批評聲浪中，夏爾·佩吉（Charles Peguy）的評論算是最尖銳的，針對這些團體的傳授方式，他在自己發行的《半月工資陳情書》中寫道：「和大家一樣，我知道這些平民大學和其他所有的計畫，對教育和社會的改善做了很多努力，但是，這些資產階級，這些知識分子由上而下的努力，是如此虛假空洞、矯揉造作、徒勞無功，所以根本行不通，都是在做白工，如此的膚淺，完全失去意義。」

一九一四年前夕，法國幾乎已經沒有平民大學了。

但是，平民大學的這個初衷仍然是一股流行的思潮，特別是在阿爾薩斯、德國和瑞士。

字詞的選擇：平民大學

斯特拉斯堡歐洲平民大學的呂西安教授（Lucien Braun）⑨對德喬治創立的「平民大學」的命名給出下面的解釋：

「大學這兩個字，可以在十二世紀找到源頭，大學被定義成一個教育的空間，不受職場各種緊急事務的影響。本來在當時都是在實踐中學習醫學或法律，但是在同業圈中，大家感覺到有一種需要，就是創立一個專門場所，讓大家可以自由地重新審視一種專業活動，思考那些部分是站得住腳的，還有實踐的結果，好能找出該專業最本質的原理原則。

9. 呂西安教授（Lucien Braun）：法國哲學史家及大學教授，曾任史特拉斯堡人文大學校長、歐洲史特拉斯堡人民大學校長。一九九一年，於《阿爾薩斯四季》（*Saisons d'Alsace*）期刊第一一二期中發表文章〈史特拉斯堡的歐洲人民大學〉（*L'université populaire européenne de Strasbourg*）。

換句話說，這個名稱所揭示的並沒有偏重思考教育。如果，平民大學的目的是要建立並促進這個自由思考的平台，那就名副其實，不至於背離初衷。

打個比方，足球是受歡迎的，非常大眾化，但是，這種現象不只發生在某個特別的社會階層。你在足球場的階梯座位上可以找到每個社會階層的人，之所以『大眾化』（populaire），意思是吸引最多數人，不分職位、出身與階層。

還有另一個指標，要特別指出，就是說在一所平民大學，傳授的內容應該被所有上過課的人吸收與理解，不管學歷高低。只當這些傳授能夠被不同程度的人接受與吸收，而且不同生活圈的人都覺得長知識、有意義，才算得上是成功。

最後，這個詞也指出這個機構的社會範疇：組成大學的所有成員活出平等，甚至活出友愛，這是平民大學生活的一部份。」

讓勞工和知識分子可以達成知識的交流是德喬治的希望，但是，這個夢想沒有實現。知識分子繼續在講台上傳授，勞工只有聽的份。

若瑟．赫忍斯基神父的生命與絕技便是拜赤貧者為師，這些人，這些家庭知道甚麼是艱困的生活條件。透過這樣的個人經驗與不曾停止的探索，他是怎麼踏出一條嶄新的路徑？

第三章

與第四世界的首次對話

一九六八年二月，第四世界運動在巴黎拉丁區的頂級路（Grands Degrés）買了一間寬闊的石砌地下室，買下之後，還需整修，有很多工程要進行，直到一九七〇年才完工。

一九六八年五月是法國學生運動風潮雲湧的時候，它對第四世界的臨在與行動的方式造成直接的影響。很多底層家庭因為學運和工運影響，日子更難過。當時，在法國，只要有志願者常駐的地方就會組織「團結關懷委員會」，和底層家庭分享募來的物資與款項。「團結關懷委員會」的成員間建立起來的連結，和同甘共苦的革命情感把他們凝聚在一起，這也讓他們提出許多追問：

「我們得一直這樣過活嗎？……為什麼我們的小孩不喜歡上學？……為什麼別人知道我們住在貧民窟或社會住宅之後，就不肯給我們工作？……冬天，寒冷加上泥濘，孩子們一直生病，甚麼都沒有，衛生條件又這麼差，要怎麼照料他們？……家裡太窄太破，鄰居都可以看到、聽到我們的一舉一動……為什麼別人不肯給我們地址證明？……」

面對這麼多追問、見證，各委員會的成員紛紛開啟一份又一份的陳情書，每個人都受邀寫下他的憤痛，並邀請大家簽名，目標是讓大家認識民怨，了解民情。這無疑是史上第一次，非常貧窮的族群得以見證他們的經歷，並提出他們的請求，第四世界以宣言的形式呈遞，標題是：「一群子民發聲了」（*Un peuple qui parle*）[10]，成千上萬份宣言傳播到各處，兩年後編輯成一本白皮書，呈遞給法蘭西總統。

10.《一群子民的發聲》（*Un peuple parle*），第四世界冰窟（Igloos）季刊第41～42期，1968年5月～8月，第四世界出版。

第四世界關鍵詞⑧

第四世界子民

「第四世界子民」這個概念是由第四世界運動創立人若瑟．赫忍斯基神父所創造的。

一九五六年七月十四日，當若瑟神父終於抵達巴黎近郊的諾瓦集貧民區時，他對自己說：「這群第四世界的子民，絕對無法單打獨鬥、靠自己翻身，除非在其他人討論與決定大事的地方，他們以一群子民的身分被接待。所以，我許下允諾，我要讓他們走上總統府，一直到梵蒂岡、聯合國，以及各個大型的國際組織。這些家庭必須成為完全的參與者。」

這個社會通常用第三人稱來指稱「窮人」，說他們是「被排斥的群體」、是「生活不穩定的底層」、是「遇到多重困境的家庭」，一言以蔽之，對這個社會來說，窮人是遇到諸多困境的「他者」。然而，把第四世界視為「一群子民」，是從第三人稱走向第一人稱，是肯定並承認他們有為自己命名的權力，世界各地的窮人可以自豪地說：「我們是一群第四世界子民，超越疆界、歷史、文化和語言的藩籬，無論是在南半球還是北半球，我們奮鬥、受苦、盼望與抵抗的經驗是一樣的，

「我們都懷抱著對抗赤貧的經驗與知識，我們的聲音應該被聽見，在政治生活中應該有第四世界子民的代表。」

一九六八年五月至六月，若瑟神父花很多時間去大學的梯形教室去和那些參與學運的學生對談，質問他們對赤貧界的理解，事實上，赤貧的肇因之一，是底層被排除在知識之外，他邀請這些學生去到最貧困的社區分享他們的知識、熱情與才藝，並吸引社區兒少與成年人的參與。

一九六九年，第四世界運動創造了「第四世界」這個詞語，那時候在法國，最貧窮的家庭在專家口中或報章上總是被負面指稱為「多重問題家庭」、「失功能家庭」、「適應不良的家庭」、「高風險家庭」、「邊緣家庭」，甚至被稱為「無藥可救的家庭」、「社會案件」等。從今以後，這些家庭可以有一個正面的身份和名字，與一場奮鬥相連，那就是根除極端貧窮。

在第四世界運動的歷史進程中，買下巴黎的地下室，是一個重要的階段，它位於巴黎市中心，這座地下室將成為一個公共空間，每個想要對抗赤貧的公民都可以前來詢問，接受陶成。地下室的大廳可以容納上百人，從一九七〇年開始，就開始提供諮詢，組織演講與論辯。

除了幽閉恐懼症的人，大家都同意這個地方美麗獨特。從馬路上直接通往地下室的樓梯，拱門，石砌的牆面……，都讓這個地方散發出一種親切的氛圍，而不是一間冷冰冰的會議廳。

一九七一年開始規律舉辦「星期二的演講」，講師都是教授或專家。演講題目包括監獄和犯罪、下層無產階級與都市計畫、就業、婚姻與生育、美國、住宅、兒童教育法、教師這門職業、青少年、文化、貧窮、貧民窟……聽眾形形色色，非常多元。

慢慢的，生活在極端貧窮中的成人也規律地來參加這些演講，因為跟他們住在同一個貧困區的持久志願者邀請他們，他們來自巴黎近郊許多不同的貧困區，例如諾瓦集、「愛不累」、凡爾賽等。

第四世界關鍵詞⑨

第四世界持久志願者（Fourth World Volunteers）

第四世界持久志願者選擇和貧窮家庭的生命相連結，隨時準備出發到需要他們的地方。截至二〇二一年一月，全世界共有四百多位長期全職投身的志願者，分佈在各大洲的三十多個國家，他們來自四十多個不同的國籍，有著不同的職業、宗教與社會背景，有些獨身，另一些則已成家。通常在經過一年的陶成之後，他們被派遣到各地的志願者團隊，分享赤貧家庭的日常生活，投身在許多不同的行動計畫中，並和其他人建立夥伴關係。所有的志願者，不論年資深淺，每月領取相同的津貼，以維持基本生活所需，藉此表達與赤貧家庭的團結關懷。通常每三到六年會轉換一次使命，他們不斷地以赤貧家庭的生命陶成自己，並日復一日地書寫他們從最被排擠的族群中所學習的一切：讓他們受到傷害的是什麼？讓他們得以前進的又是什麼？這些紀錄建立了第四世界的行動基礎。

除了少數情況，大部分時間他們不敢公開回應演講者，因為在所有的聽眾中，他們是少數。但是，回到貧困區，針對當天演講者與演講內容，他們的思考與評論卻此起彼落，討論非常熱烈。

演講繼續，一場又一場，主題還包括：第四世界與成人的職業訓練、詩人佩吉經歷與思考過的貧窮、第四世界的法國年輕人發現美國的貧窮、哲學家西蒙娜．薇依經歷與思考過的貧窮、印度如何對抗貧窮……。

一九七二年十一月開始，地下室開辦了另一種形式的相遇，不再是演講，而是每個月一次的「與第四世界對話」，同樣是在禮拜二舉行。

第一次與第四世界對話的場景。

把麥克風交給他

持久志願者博亨利描述與第四世界首次對話是如何誕生的：

「一九七二年四月十五日是第四世界運動的會員大會，進行方式跟以往沒有兩樣，並非特別給生活在赤貧中的家庭參加，而是給所有會員參加。當天諾瓦集貧困區的家庭也有人出席，在發問時間，一個諾瓦集的居民布萊齊（Plakevitch）先生舉手想要發言，但是，負責傳遞麥克風的那些人遲疑、觀望了好幾秒，他們肯定是擔心他偏離主題，負責主持的若瑟神父有點不耐煩，就說：『行行好，把麥克風交給他。』布萊齊先生發言，他解釋他應該搬到新的社會住宅，但是，他分配到的是一個廢棄的荒宅，到處都破破爛爛的，他談到他的憤慨，並追問說：『沒有人應該住在那種爛地方，我很想知道，為什麼有人會要我們去住那種破房子。』他發言之後，其他幾個諾瓦集家庭也紛紛發言。我忘記若瑟神父怎麼回答他們，但是，有意思的是，當我們回到皮爾耶，他重提當晚諾瓦集家庭的發言，特別是布萊齊先生的發言內容，他說：『今晚的會員大會不同尋常，這些家庭的發言帶來全新的氣象，我們得重新調整星期二在地下室的活動方向。』」

博亨利繼續說道：「重點是，若瑟神父對當晚發生的事情，很快就抓住意義與重要性。」

從專題演講變成與第四世界對話

就這樣，第一場「與第四世界對話」的準備工作展開了，預定日期是同年的十一月七日，主題是：「學校」。

準備工作密集開展，目的是讓生活在極端貧窮中的人以自己的孩子在學校的親身經驗為基礎，讓大家了解學校應該要長成甚麼樣子。

主持方法全部要自己去發明，這是一場集體的探索，跟那些住在貧困社區的持久志願者一起思量。第四世界運動一直習慣對各種會議進行錄音，也因此，我們有機會還原當時的景象。以下是當時某次的開會紀錄：

志願者韓瑪芳（Marie-France Hanneton）：「我想，必須從具體事件出發，因為如果從具體事件出發，可以鑽研得更深，我們就能很快進入概念與想法。例如兩天前，我陪一個先生去見一個雇主。因為他被雇主辱罵，回程，我們討論的時候，他跟我說：『我這輩子一直都是這樣，但是，雇主他不願意理解，是命運捉弄人，大家不願意理解，是造化弄人。』我便問他：『甚麼是命運？』他跟我說：『命運就是，我永遠都沒辦法告訴自己：明天會更好。』

我相信，如果不是因為已經有了很深的情誼，否則一開始，無法有這樣的對話。人之所以願意深談，是因為彼此都願意進入對方的內心世界，為此，需要一起走過一段路，有一些共同的經歷。」

若瑟神父：「我不知道到時候會怎樣？也不知道誰會來，多少人會來？我相信，目前的對話層次是志願者團體和這群子民之間的對話。但是，要怎麼達成？我想，我們一開始免不了要反覆摸索，肯定會很不容易。」

韓瑪芳：「每次想到這場冒險，我就會想到社區的某幾位婦女，我想她們要怎麼在五十多個人面前講話，她們可能因為怯場，舌頭打結。」

若瑟神父：「只要我們能創造互相尊敬的氣氛，怯場或舌頭打結也沒關係，重點是我們在地下室創造的氛圍。」

習安娜（Anne-Cécile Hickey）：「環境很重要，如果一直待在一成不變的環境裡，大家就只會重複一些老生常談。但，光是去到巴黎，就已經給這些交流很多份量。」

若瑟神父：「也許有一天，巴黎這間地下室，會慢慢變成下層無產階級在巴黎的發言殿堂，下層無產階級能夠在那裏真正表達自己，越來越能主導自己的生命，這個功夫要花很多時間練習，可能要花很多年的時間。

我們即將在巴黎地下室展開的這些會議，目的是讓這些家庭可以表達他們面對的問題，這些會議的成敗關鍵在於是否能夠發生真正的對話，首先是志願者和家庭之間的對話，然後才是與其他人對話。每個人都帶著自己的經驗來參加，這些經驗跟被提出來的問題不一定有關聯，但，可能是平行或互補的。有些經驗不見得是第四世界的經驗，但是，有關聯。我們得想辦法跟第四世界一起投身。」

在隨後的一場會議，若瑟神父和志願者們試著勾勒學校這個主題，準備一些問題去問社區的家庭，第三次會議，以收集到的回答為素材，追問一些新的問題。

針對學校這個議題，進行第一次對話之後，發現生活在貧困中的家庭還是不太敢發言。第二次對話的主題是政治，可見若瑟神父對這些聚會的內涵雄心壯志。但是，交流的內容並沒有符合一開始的期待，問題不是出在參與者身上，真正原因是準備不充分，而且一開始的引言做得很差。也因此，一九七三年一月二十三日第三次對話，討論「錢」這個議題的時候，他們就邀請住在「愛不累」社會住宅的參與者針對當天主題，準備開場的引言。

那次對話，「活水成員」阿蓮（Arend）女士是第一個勇敢站出來發言的人，面對現場一百多人，一半都是沒有赤貧經驗的「外界」，當晚，在引言和之後的幾個發言，她詳述自己從赤貧經驗中學到甚麼。那天晚上，大家都意識到，為了讓「活水成員」和其他生活圈的人展開真正的對話，必須要開闢路徑，想出各種辦法。

第四世界關鍵詞⑩

活水成員（Grassroots leaders）

第四世界活水成員意指積極參與第四世界運動的赤貧過來人，他們在經歷極端貧窮的時候與第四世界運動建立了連結，並決定在這個運動扮演積極的角色。他們之中有些人是第四世界運動在一九五七年成立時的共同創立人，是若瑟神父早期的夥伴。有些活水成員的使命是幫助這個運動尋找更貧窮的人，促使這個運動保持初衷，忠於赤貧家庭，並與這些家庭保持緊密的連結。他們也協助來自其他社會背景的成員了解在赤貧中度日意味著什麼，並成為這個運動與這群子民的代言人，特別是為那些仍然無法替自己發聲的同胞代言。

「我們是一群弱勢群體，沒有享受到祖先遺惠，正因為這樣，甚麼苦難都落在我們身上；不應該這樣，沒有道理。像這樣的聚會，你們知道應該怎樣嗎？應該要有兩、三個議員，而且他們應該向我們解釋，為什麼即使我們的先生有工作，即使我們有家庭津貼，我們還是沒辦法過像樣的生活？

我還沒出生的時候，就有一個肯定是很棒的人，他說：各種人權，背後講的是自由、平等、友愛。

自由，我們並沒有談多少。

平等，對那些在銀行有很多存款的社會階級來說，就有很大台的冰箱，很大間的豪宅，啊，是啊，有所謂的平等，但是，對窮人來說，遙不可及。

友愛，友愛在哪裡？那些窮苦人家，那些最弱勢的人家可以發現友愛，但是，別處有嗎？

所以，對我來說，如果各種人權存在的話，我希望有個部長或是議員，來跟我解釋人權，而且，我想會有很多人希望我們好好跟他們解釋一下。希望他們能來，我們要好好跟他們談談國事，我們要向他們解釋，我們是怎麼用粗鹽加水煮馬鈴薯，我們會請他們來家裡吃頓飯。

我覺得解決方法就在這裡，就是請他們來，然後我們要帶他們到各個貧民窟走一趟……。

總是家裡的女人要想辦法，總是要女人走上街頭，然後說：我們的標語牌不是要麵包，不不不，我們要的是可以維持生計的工資，我們要的是基本人權。

總是女人在受苦，不知道有多少個夜晚無法成眠，我跟各位保證，有多少次我告訴自己，多吞幾顆安眠藥，明早就不用起來了。這當然不是解決辦法，我們總是一直在吃藥。因為很多煩惱，所以就大量服藥。然後是胃痛，接著是別的地方痛，是精疲力盡，這不是解決的辦法。

解決辦法，我已經跟各位說了，要去找那些在上位的人，因為問題出在那邊，是他們在立法，是他們造成的，我對政治一竅不通。我的政治就是我的荷包。我不是左派，也不是右派，也不是中間派，我甚至不知道這些派是甚麼意思，我的政治就是我的荷包。因為是他們在立法，是他們造成的，冤有頭債有主，當然要去找他們，然後告訴他們：請解釋給我聽，我不懂。我一個月給他一千法郎（以當時匯率約合五千二百九十五台幣），我想知道他會怎麼活，他一定去不了多遠，別擔心，頂級菲力牛排和名牌就會跟他說拜拜。

當我看到美國女人走上街頭，手上拿著標語牌，上面寫著：『我們要自由，男人一個禮拜至少要洗一次碗筷，拖一次地。』這些都是雞毛蒜皮的小事，是小孩子的遊戲。但是，如果女人開始意識到她過得太苦，她受不了她的兒女也還是苦哈哈，她就會走上街頭，到時候就很熱鬧了。

我會跑遍所有的貧民窟，因為我不怕，我認識這些人，我住在他們中間，我們是同一國的，我會跑遍法國所有的貧民窟，然後我會告訴他們：『你們過得苦哈哈，我以前也是苦哈哈，我現在還是苦哈哈。』不必害怕貧民窟的人，相信我，他們都是最誠實的人、心腸最好的人。我見過一個窮苦的女人，得了肺結核，她的孩子自然也很窮，衣服很窮酸，但是，她是第一個跟我說：『你的小孩沒有牛奶喝，拿去，我跟你分享我的牛奶，咱們一人一半。』你們想想，有錢人會這麼做嗎？不會。一個窮得很徹底的女人，她沒甚麼好怕的。要去聯絡這些窮人，不必去找那些富豪，不要開玩笑，找他們沒有半點用處。」

若瑟神父：「我們習慣問我們的朋友針對所有的發言提出問題。我想去跟他們說，他們千萬不要以為我們把人分類。當我們說有人鐵石心腸，我們都知道，阿蓮女士也知道，很多次，我們之所以能夠擺脫困難，都是多虧了一些有錢朋友的幫忙，有錢人裡面還是有些人不是鐵石心腸。」

阿蓮女士：「神父，我從來沒被有錢人幫助過，所有對我伸出援手的人，都是自己也苦哈哈的窮人，皮爾耶的那些志願者除外。這個經驗幫我跟社工和好，因為一開始我以為這些人全都是壞蛋。」

若瑟神父：「在每個生活圈，都有一些人能夠理解。這樣說不是要奉承在場的朋友，他們有可能覺得相當不自在。即使我們在自己的圈子裡講話簡單又直白，他們也要能夠跟我們簡單直白地來往。我們就是這樣，人前人後都一樣。我想說，如果我身邊沒有這群朋友，這群除了錢還關心其他事的朋友，我肯定一直像熱鍋上的螞蟻，找不到出路。」

一個來自「外界」的先生：「今晚聽了所有這些發言，我感覺自己被聽到的現實深深震撼，這些發言應該要寄給所有即將參加選舉的候選人，不管是左派還是右派，他們不是都承諾要讓法國變得更加公平正義？」

本來這些對話是和專題演講交替進行的，有了這些和第四世界對話的經驗支撐，一九七三年九月便決定，所有在地下室的聚會都將圍繞這個目標，也就是讓所有的公民都能來到這所第四世界的學校，向窮困者學習，接受陶成，為此，要提供這些第四世界家庭各種表達、分析與歸納的途徑。

所以，專題演講取消了。一直到一九七七年，這些在巴黎「地下室」舉辦的會議都變成「與第四世界對話」。從一九七七年開始，「平民大學」這四個字開始流傳，一九八二年「第四世界平民大學」成為這些聚會的正式名稱。

即便如此，大家平常還是習慣用「地下室」來稱呼這項行動，除了象徵意義，也是因為

11. 杜費盟先生（Doffémont）：他的職業是鑄工，也是四個孩子的父親。一九九〇年一月初次參與第四世界平民大學，一直以來，他總是勤奮認真。他的太太對帛畫（在絲布上做畫）的天分及熱愛，使她在社區的家庭中心尤其活躍。

說起來比較簡單。

杜費盟（Doffémont）⑪先生說：「我比較常說『地下室』，最近，我打算邀請一個朋友來，我就跟他說：跟我一起去地下室吧。他就問我去那裏做甚麼？我跟他說：『你來看看就知道了，都是跟我們一樣的人。』如果我跟他說『第四世界平民大學』，他可能以為我在從事政治活動。」

西蒙娜（Simon）⑫女士說：「我都習慣說『地下室』，但是，地下室，一間地下室，有很多意思……，平民大學聽起來比較認真，意思是大家都可以來。」

在本書，這兩個詞語將交替使用，指的是同一個事實。

這項行動已經持續超過二十年了（中文版出版之時，這項行動已經持續近半世紀），在巴黎這間地下室，已經進行了超過三百場第四世界平民大學……。

成千上萬個參與者……

誰會來到這裡？為什麼來？這項行動為何能持續這麼久？並擴展到其他區域，其他國家？

12. 西蒙娜女士（Simon）有九個孩子，在她初次認識第四世界運動時，身邊還有三個孩子。一九八七年六月，在馬果女士（Macaud）的邀請下，她第一次參與平民大學。停頓了一段時間後，她親自來信表示希望能重新回到平民大學。一九九〇年一月，她回到我們中間。那時，她和家人生活在一個緊急收容營區最後一間還未被拆除的房子裡。

第四章

誰會來平民大學？

從「專題演講」到「與第四世界對話」，最後形成「第四世界平民大學」，若瑟・赫忍斯基神父清楚表明誰才是老師。但是，他也提醒，單單只是把窮人聚集在一起毫無用處。第四世界平民大學打從一開始就是一個公開並且歡迎所有人的空間，唯一的原則就是，必須把發言的優先權留給最貧困的家庭。

兒童不會在黃昏去參加巴黎的平民大學，有其他專門為他們設想的活動。一如巴黎的「活水成員」瑪逸女士所言：「我在學校的食堂工作，整天都跟小朋友在一起，有時也會受不了，小朋友來這裡也不適合，要他們乖乖坐著聽大人講話也挺無聊，而且有些事情，孩子們也不需要知道。即使有時候，會有年輕人陪著他們的父母一起來，但是，我們會鼓勵他們參與在巴黎專門為年輕人設計的聚會與表達空間『平底船』⑬。」

這個專門邀請成年人而不是針對所有家庭成員的願望意味著在這所大學裡，公民的身份不會被父母的身份所遮蓋。平民大學的參與者是由第四世界的成人自己招募而來，他們不停地邀請身邊的新朋友前來參與。就像雅迪女士（Hardy），在中斷多年的參與之後，帶著她的朋友和妹婿一起來。或是薩木酉夫婦（Samoyault），即使生活條件艱難，邀請了他們的鄰居樂果夫婦（Legros）一同前來。又或者這個先生邀請了他的社工來，那個年輕人邀請了他輔導員……。

參與者也包括那些由於專業因素或研究興趣被吸引來平民大學的，例如年輕的社會工作者，司法界的專業人士，教育工作者，各科系的學生等。但是，也有許多公民參與，他們只是單純地想要尋找一種嶄新的團結關懷方式，有時甚至是政府高層的負責人，以匿名的方式參與，像是由一位參與者邀請的一位檢察官，當時討論的議題是投票的權利，或是這些歐洲

13. 聯合國宣布一九八五年為國際青年年，在準備過程中，第四世界在巴黎的朋友買了一艘平底船，為了讓巴黎的年輕人能夠有一個相遇和準備的空間，這艘平底船後來成為年輕人的「知識與團結關懷俱樂部」，這個平台希望能凝聚不同生活圈的年輕人，在文化的層次上與最貧困的年輕人相知相遇，團結一致。

議會的高層官員，或是這位主教等。當然，也有每次受邀的嘉賓，他們特地前來這所大學和第四世界對話。（附錄二）

第四世界平民大學：凝聚一群子民的地方

一九七三年十月，雅瑪莉（Marie Jahrling）[14]第一次在地下室發言，若瑟神父問她為什麼參加第四世界平民大學，她答：「我發現我們是一群子民，而且我是其中的一份子。」

多年後，雅瑪莉進一步補充她的分析：「住在諾瓦集貧困區那段時間，我知道有志願者派駐在史坦（Stains）、新庭（La Courneuve），我知道其他貧民窟的存在。我姐姐去過那些地方，史坦的居民也有來拜訪過我們。但是，我還是想像我們諾瓦集是全法國最貧窮的地方，我們是最窮的人。

一九七二年，我開始去地下室參加平民大學，一群子民的概念是在那時候萌生的，這意味著，我不再用同樣的眼光看待我的鄰居。以前，面對比我更疲憊，更窮困的人，我還是有點安慰，覺得自己比他們好一點！這是社會教給我們的目光。去到地下

雅瑪莉，一九七二。

14. 雅瑪莉（Marie Jahrling），六個孩子的母親，一直到一九七二年，她住在諾瓦集貧困區，一九七二～一九七五年，她和家人搬至「愛不累」社區（Herblay），之後，他們又搬回諾瓦集附近的一個家庭社宅。她的先生接受職業訓練，成為特教輔導員。她從一九七二年開始參與平民大學，中間斷斷續續。一九八八年之後，她的參與變得非常規律，一九九一年之後，她成為巴黎平民大學的共同主持人之一。

室，因為我們彼此相遇，表達自己，大家就意識到，我們都面臨同樣的住宅問題，同樣的工作議題，我們像浮萍一樣沒有根，居無定所……。這一切完全改變了我的目光。」

一九七四年六月，若瑟・赫忍斯基神父聲明在地下室的這些相遇所產生的效果：「第四世界平民大學是凝聚一群子民的平台。」

一九七五年十二月，「愛不累」社區的龐斯女士（Bansept）解釋道：「我們來『地下室』，不是為了來巴黎遊玩，而是為了跟來自諾瓦集、史坦、凡爾賽的其他家庭接觸，是為了和其他人討論，為了給彼此加油打氣。我們來地下室的目的是這個。我們也不是為了若瑟神父而來，而是真的為了給彼此打氣，為了瞭解其他人的生活處境。這也是放輕鬆的時刻，跟自己說，我要花兩、三個小時去地下室，為了去看看其他人。」

一開始就參加第四世界平民大學的持久志願者清楚見證了一個團體的誕生，馬約翰（Jean Marcq）說：「打從一開始，團體氣氛就扮演著重要的角色。參加的人認同彼此，他們有著類似的生命經歷，他們發現自己並非獨自生活在這種處境裡面。地下室在第四世界內部創造了一種新的關係，打從一開始的那幾次聚會，我們就跟非常貧窮的人一起來，當然也有一些人的處境比較不是那麼艱難。我們試著坐在第一排。」

志願者韓瑪芳接著說：「在地下室，『活水成員』意識到自己所歸屬的世界要比他們居住的諾瓦集貧困區大得多，他們也歸屬於一段共同的歷史。這段歷史，我想只能在地下室發現。當你的個人歷史可以加入其他人的歷史，這段歷史就有了更寬廣的意義，你無法單獨存在。在地下室，『活水成員』意識到他們有著同樣的歷史，而且這並不是一種汙點。他們在第四世界這群子民身上找到認同，發現自己有著同樣的歷史，進行著同樣的奮鬥，有些人在

平民大學現場場景。

社會連結上依然非常匱乏，有些人則加入了勞動界。」

杜陸喜有好幾年的時間在巴黎地下室主持平民大學，他強調這件事的重要性：同時有非常貧窮的人以及其他接近勞動界的人一起來參與，他們可能來自同一個社區，或是同一個市鎮：「有一個住在凡爾賽的彼得先生（Pierre），他對平民大學討論工作議題那年印象特別深刻。跟其他家庭一樣，他生活在大橡樹（Grands Chenes）貧困區，但同時，他工作穩定，所以，他一發言就很有份量。但他從不曾與那些比他更窮的人劃清界線，從不曾以優越的態度，給人建議。他只是單純地說出他的經驗，這就夠了；另一些人長年從事一些不被認可的工作。可以同時聽到這兩種經驗是非常重要的。在平民大學一直遇到這樣的重要人物，他們和『活水成員』來自同一個生活圈，他們讓每個人都得以前進。

若瑟神父主持『地下室』的時候，在一段時間後，會問他們：『那你們呢？你們怎麼想？』若瑟神父的想法從來就不是單單凝聚最貧窮的人。」

持久志願者甘心成為第四世界子民的一部份，他們規律參與平民大學，扮演了促進合一的角色，韓瑪芳解釋其中意義：「參與一段正在創建的歷史，是一件大事，這不是平常可以遇到的，你能感覺到，你和其他人在公領域開啟一種新的創造。」

在這個平台，每個公民都受邀來向第四世界的子民學習

一九七三年，平民大學才剛開始運轉，在諾瓦集貧困區的一場會議，大家針對巴黎的幾次聚會評估盤點，討論聚焦在那些不曾經歷貧困的參與者。一位婦女說：「我覺得外界的人參與得不夠踴躍，因為都是貧困區的人自己在那邊掏心掏肺，互相陳述他們的問題，如果外界的人不來，你是要怎樣吸引他們的注意？」

雅瑪莉：「我想，貧民窟的人長期以來都只能閉嘴默默承受，讓他們有一個地方可以發聲是很好的。」

同一位婦女：「是沒錯，但是，我們也不能對著空氣講話，在『地下室』，能替我們的問題找到解方的人不是我們。我認為應該要讓外界的人有機會來聽聽我們在地下室所表達的。他們來了之後，要講話或是不講話，他們自己決定，但是，要讓他們有更多機會參與，

有機會認識。我想，所謂的公眾輿論，也就是說大部分的人一定會發現，他們跟貧困區的人並沒有太多的差別。我認為我們應該更開放，我們不能停留在自己的小圈圈裡面，不要只封閉在窮人的圈圈裏面，這才是重點。」

若瑟神父在一九八六年說：「如果沒有外界的人來參與，那就關掉平民大學。在平民大學，並非我們要跟第四世界的人說教，相反地，是這群人有話要說，有東西要教導我們。我們必須能夠繼續跟別人說，我們想要投入這場對抗赤貧的奮鬥，並告訴他們：來，我邀請你到第四世界平民大學。」

我們不會要求對方成為第四世界運動的會員，但是，每年一開始要辦一張平民大學的學生證，每次聚會都要簽到，以便紀錄出席。這意味著，即使那些只來一次的人，也要留下他們的聯絡方式，並支付學生證的工本費。但是，沒有任何人是碰巧來到這個地方的，常常是口耳相傳，由一個參與者邀請另一個新朋友來參加。

例如，一九九二年十一月五日，第四世界「活水成員」賈洛（Gallois）先生親自介紹了兩位新朋友：「十月十七號世界拒絕赤貧日那天，我在巴黎自由人權廣場遇到這兩位女學生，她們想要進一步認識這個運動，我就跟她們說，來平民大學看看吧。她們就真的來了。」其中一位將規律來到「地下室」。她也是沙特爾（Chartres）學生朝聖組織⑮的共同負責人，六個月後她邀請我和巴黎平民大學的「活水成員」一起去和學生對話。

如果說，巴黎這間地下室能夠繼續成為一個對外開放的平台，有些人即使只來一次，那都是因為他們認真看待邀請，他們受邀來到第四世界這所學校陶成自己，他們也知道要花時間才能真正理解在這個平台發生的事。

15. 譯註：沙特爾（Chartres）因同名的大教堂而聞名，該教堂位於沙特爾市中心，建成於中世紀，於一九七九年被納入聯合國教科文組織世界文化遺產名錄。

16. 樂寇海（Martine Le Corre）：第四世界運動的「活水成員」，赤貧的過來人。她的父母有十四個孩子，她和她的家人都經歷過極端不穩定的生活。她十三歲就離開學校，十八歲成為母親。她透過那些來到貧困區居住的持久志願者，發現生命有另一種可能性。一九七六年，她跟康城（Caen）貧困區的一群年輕人參與了由第四世界青年運動所組織的一場大型聚會。
一九七八年，她成為這個運動的持久「活水成員」，全職投入。
一九八〇年，她接受了社會工作地培訓。
一九九三～一九九五年，樂寇海全職參與一項名為「第四世界與大學一起思考」的「陶成–行動–研究」計畫，該計畫奠定了「知識的交流互惠」（Croisement des Savoirs）這種創新的建構知識的方法學，同時，她也是另一場行動研究「赤貧即是暴力，打破沉默，創建和平」的共同主持人，後來，她在故鄉康城主持第四世界平民大學許多年，二〇一七年被選任為國際第四世界運動的副秘書長。

17. 一九七七年十一月十七日，第四世界運動首次在巴黎互助宮（Mutualité）舉辦大型集會，主題是「生命共同體：與第四世界團結關懷」，這個活動在巴黎進行了大規模的宣傳，當天有五千人加入了第四世界歐洲代表團。
18. 街頭圖書館（Street Libraries），一九六八年法國學運的時候，第四世界運動開始在大巴黎地區發起「街頭圖書館」，企圖在貧困地區打開閱讀與相遇之門，並促進不同階層間的相遇，藉此對抗社會排斥。今天，街頭圖書館是第四世界運動在全球發展得最為普遍的一種文

樂寇海⑯（Martine Le Corre）簡潔地總結參與平民大學意味著甚麼：「如果你是偶然來參加一次平民大學，你大概不會參加第二次，這點，從氣氛就可以感受得到。大部分的人都知道自己為什麼出現在那裡。」

現在，就來描繪連續好幾年來到第四世界這所學校接受陶成的參與者，我們會看到他們的多樣性，那正是這個平台所期待的。杜瑪娜（Marinette Duchêne）是「與第四世界對話」的首批參與者之一，她是電視台的節目製作人，有十多年的時間，她參加了在地下室舉辦的每一場平民大學，當時，每星期二晚上八點半到十點半都有聚會：「若瑟神父的人格和他的方法都相當原創，從來就不是提供幫助，而是提出邀請。我一開始參加了地下室的專題演講，接著也參與了對話與論辯，那真是絕妙中的神妙，因為是當事人在教導我們他們的生命，而我們就在那裏不斷學習。如果我們學習了，那麼整個世界都可以學習。在互敬中，學習過程充滿豐富的情感，我們不可能在其他地方學到這個，它擴大了我們生活的整個眼界。在地下室，並沒有分成兩類人：所謂認識貧困的人和其他人。不，我們在那裡，我們都在學習。在地下室，我們並非以局外人的觀點來關心這個議題或關心那個議題。不，我們都進到內裡，完全參與其中，即使看不出來，即使我們不說話，我們在。」

至於龐迪地（Didier Ponsot）則是法國儲蓄銀行總裁。第四世界運動一九七七年在巴黎互助宮（Mutualité）⑰舉辦了一場慶祝二十周年的大型集會，他就是在那時候和這個運動結緣的。接著他在巴黎第十三區帶領了街頭圖書館⑱：「有人建議我去『地下室』接受陶成，他們跟我說為了理解第四世界的家庭所表達的，平民大學是一個理想的選項。給『活水成員』一個地方，讓他們可以整理、建構自身的經驗，這樣的想法很吸引我。為了接受陶成，

化行動，一個禮拜一次，在固定時間，由幾位成員帶著美麗的課外圖書去到兒童與他們父母居住的當地，可能是歐洲的某個貧困區、亞洲寄居在墓園的貧困家庭，或是中美某座垃圾場的角落；可能在運河邊或是行人道，也可能是社會住宅的樓梯口或非洲大陸黃昏市場的路燈下。在那些地方，他們隨地鋪起一方藺草席，擺上一籃又一籃的書，和孩子們共讀一兩個小時，也會有音樂、美勞、電腦、戲劇、科學等活動。年復一年，雙方一次又一次赴約，創造共讀的樂趣，編織相遇的場域。藉著街頭圖書館，志願者與盟友能夠接觸到在其他結構

我連續去了好多年，我也在自己帶領街頭圖書館的社區跟大家談到這所平民大學，之後，幾個社區的父母也跟我一起去參加。」

參加平民大學的經驗將大大影響龐迪地的職業生涯與文化生活，關於生涯規劃，他後來成為一家對抗排斥基金會的負責人，至於文化生活，他樂於把他對戲劇的熱情分享給最貧窮的同胞。

一九九一年十一月，克拉瑪鎮的小學教師白瑪婷（Martine Bertin）受持久志願者施安妮（Anne-Marie Zaïdi）⑲之邀，來到平民大學針對學校的議題進行交流。她參與了，而且她發言的時候不是以局外人的身分，而是像杜瑪娜所說的，完全進入情況，進到內裡。她因為討論主題受邀，原本以為自己只會來個一次，但是她對平民大學的印象遠遠超出了學校這個主題。

回去後，她向同事、學生家長談論這次的經驗。她在職場成立了一個準備小組，並定期參加巴黎每一場平民大學。該準備小組的另一位小學老師寫道：「在學校，我們每天都會遇到學生家長，特別是學生們的母親。我們之間會有一些簡單有禮的交流，這些來往讓我們更認識小朋友，但是，不管如何，我們還是以教師的姿態跟他們來往。但是，在平民大學，我們受到邀請，換位之後，變成我們感到惶恐不安，而且我們常常深受感動。意識到發言有著重要的影響力，我們對自己的表達反而變得非常謹慎。而且，我們在平民大學的角色，不就是聆聽嗎？成為這些深深被赤貧烙印的同胞的見證人，見證他們的奮鬥，他們的演變，以及他們的勝利？」

性活動中缺席的兒童。因為街頭圖書館在戶外進行，也就掌握在社區居民手中，如果社區接受它，它可以成為整個社區的一種表達，父母可以藉此看到希望，為孩子出色的表現感到自豪。街頭圖書館雖然不會出現轟轟烈烈的場景，卻證明文化能夠凝聚彼此，特別當書與人一起走出館外，進入赤貧現場，便深刻地向貧窮與社會排斥發出戰帖，打破赤貧造成的孤立，重新找回一方和諧的綠洲與赤貧孩子學習的興味。

在這個平台，嘉賓受邀跟第四世界對話

最後，來到地下室與第四世界對話的人也包括受邀的嘉賓，邀請的理由源於他們的專業或投身，始終圍繞一個特定主題。他們的到來並不總是和第四世界運動的歷史有關，他們受邀，可能是第一次接觸，而且到此為止，或者相反，即使沒有跟平民大學有直接的關聯，但是，在對抗貧困的努力過程中，彼此繼續攜手。

這些受邀嘉賓的出席是平民大學不可或缺的一部分，因為他們可以將第四世界的聲音置於國家，甚至是世界的語境中。要求他們擔任的角色對他們來說並不常見，因為並不是請他們來演講。毫無疑問，或許這就是很少有人拒絕邀請的原因之一。

在最近幾年邀請的嘉賓中，我們可以列舉：社會學家蘇伊琳（Evelyne Sullerot）女士、職訓中心的主席拉莫夫（Ramoff）先生、政治科學研究所教授倫伯格（Grunberg）先生、律師協會主席史塔馬（Mario Stasi）先生、畫家讓・巴贊（Jean Bazaine）先生、女演員凱瑟琳・塞恩（Catherine de Seyne）、國際第四世界運動主席奧莉雯・德・佛絲（Alwine de Vos van Steenwijk）女士、萊敘利市（Les Ulis）市長羅保祿（Paul Loridant）先生、德多明（Dominique Derda）先生和高卡蘿女士（Caroline Glorion）兩位都是法國電視台記者、聯合國教科文組織的吉爾默（Gilmer）先生、勞工學院的創始學者大衛（Marcel David）先生、聯合國兒童基金會的莫爾（Chanoine Moerman）先生、法國人權諮詢委員會主席保羅・布切特（Paul Bouchet）先生、知名歌手羅倫佛西（Laurent Voulzy）先生；「融入的最低收入」評估

19. 施安妮（Anne-Marie Zaïdi）：語言病理學家，一九六九年成為持久志願者，已婚，有四個孩子。一直到一九七四年，她一直是第四世界運動在史坦斯市的團隊負責人。一九七五至八四年間，由於巴黎近郊許多貧困區改建，赤貧家庭被分散到巴黎各個地區，施安妮在此期間的任務是去探訪這些分散到各地的家庭。後來，她與索邦大學口語暨書面語言研究中心創辦人蘿虹斯・蘭登（Laurence Lentin）合作，負責進行赤貧家庭兒童語言發展的行動研究。參閱《那些甚麼都不想學的孩子》（*Ces enfants qui ne veulent pas apprendre*，一九九五年第四世界出版。

委員會主席豐雷行（Vanlerenberghe）先生、《生活週報》（*La Vie*）記者薩發（Aimé Savard）先生、歐洲最高法院法官古何吉（Régisde Guttes）先生；兒科醫生凱瑟琳（Catherine Dolto-Tolitch）女士；教育家芭夢堤（Francine Parmantier）女士；生活與寫作協會（Vivre et l'écrit）的吉奮齊（Pierre de Givenchy）先生；知名哲學家米榭・塞荷（Michel Serres）……。

歐洲最高法院法官古何吉先生（Régisde Guttes）表述他在一九九二年參與第四世界平民大學的心得：「平民大學的優點之一是，它在友誼的氛圍中，凝聚了第四世界的代表、律師，第一線的草根工作者以及司法界的人，並促使他們進行坦率直接的對話，有時甚至是激烈的對話，證明我們可以超越表面的障礙，建立共識。若瑟神父的關鍵思想之一，就是這種夥伴關係的精神。如果我必須總結自己參加平民大學的主要印象，我會說：與『活水成員』接觸所產生的力量。你不能胡謅，因為他們坦率提出問題，交流內容嚴謹，而且謹慎避免陷入傳統的濟助，還有，毫無疑問，最重要的是瀰漫在這些會議中的友愛和手足情誼般的精神。」

一九九三年一月，凱瑟琳醫師（Catherine Dolto-Tolitch）[20]受邀參與平民大學，那次的討論議題是父母的角色，整個過程非常熱烈，內容特別豐富。每個準備小組都做完報告後，她做了十五分鐘的短講，然後進行對話，她的發言時間的確不長。會後，她向我們指出，的確，她還有很多話想說。不久，她收到該次會議紀錄，她意識到當時對話內容的重要性，於是寫信給我們：「感謝你們提供的紀錄摘要，我認為很棒。我準備好要參加其他會議，因為我發現你們的運動確實非常重要，能夠參加是我的榮幸。」

兩名第四世界「活水成員」分享了他們對「地下室」參與者的總體看法。

20. 譯註：凱瑟琳醫生（Catherine Dolto）的母親是法國著名兒童精神分析大師弗朗索瓦茲・多爾多（Françoise Dolto）。

西蒙娜女士：「我們之間沒有分別心，平民大學沒有所謂的『富人』和『窮人』。不，不，我們完全不會去分類，根本不會去區分彼此，平民大學是為了大家而設立的。」

杜費盟先生：「在地下室，我們大概有一百二十個參與者，最重要的是人與人的交流，大家平起平坐，沒有誰比較偉大，誰比較渺小，我們都在同一個水平，當然，有些人不像我們那麼窮，這是真的，歌手羅倫佛西有來，多名記者也來過，但是，他們就在那裏，跟我們在一起，他們在，就這樣。在這所大學裡面，大家平起平坐，都一樣，如果不是這樣，就不必辦平民大學。他們在那裏，聽我們說話，之後，他們在他們的崗位上支持我們！這是最重要的一點。他們必須向外界解釋，他們可能是口才很好的人，很會寫文章的人，那他們就要跟他們的同事解釋。不過，他們會嗎？會後，他們會跟其他人談起這段經驗嗎？」

在第四世界平民大學，參與者來來去去，常客也有，過客也有

平民大學每年的參與者，有常客，一如樂寇海所言，有些人知道他們為什麼在那裡，但是，也有一部分的人，因為這些夜晚的組成方式，注定打從一開始就只是過客。（附錄三）

為什麼有些人只來一次？

因為對某些人來說，平民大學並不是他所追尋的那種對抗赤貧的方式。

對受邀嘉賓說來說，他們只針對某個特定議題與第四世界對話，只來一次，也是很符合邏輯的。有些人受「活水成員」之邀，是因為他們的社會地位和專業，例如身為家庭的社工、本堂神父或是孩子們的老師；他們來到平民大學，表達他們對這些家庭的看重，但是，他們也知道要尊敬那些邀請他們的人，「活水成員」需要自由表達的空間。

對其他人來說，赤貧讓他們的生活存在太多難以控制的變數，以至於無法規律參與，

他們有時甚至連一個固定的地址都沒有。有些人的日常生活有太多操煩，或是身體有太多病痛，所以，他們只能偶爾出現。他們知道這個平台一直都在，但是，隨著時光流轉，它並沒有成為他們定位自己的地方。有時候，對某些生活在極端貧困中的人來說，他們無法連續坐上兩個小時，無法不抽菸，此外，動腦思考，專心聆聽別人也是很費勁的。

對那些認為自己已經知道或者無論如何早晚會知道的學者，這種動腦的功夫也不是那麼必然。所以有個參與者寫道：「鑑於《第四世界》的期刊和書籍的高質量，我對自己說，平民大學的參與者所表達的，或者我已經讀過，或者我很快就會讀到。而且，在地下室，大家不太有時間建立私人關係，那我為什麼要花時間去到那裏呢？」

對某些人——通常是家境富有的知識分子，他們似乎很難建立群體關係。他們必須透過個人關係來滿足自己的好奇心並驗證其假設。但是，如果窮人和非窮人之間的長期個人關係不是更寬廣的行動的一部分，則必然會演變成依賴或救濟關係，不管是物質或知識層次。

若瑟・赫忍斯基神父在「與第四世界對話」的開幕之夜，就建議了一種史無前例的新關係。他從未停止表達這些夜晚的意義，並提出明確目標。

第五章

平民大學的定義與意義

很多年的時間，我看、我聽若瑟．赫忍斯基神父，我也閱讀、研究了很多他的書寫與著作，但是，我不敢說，這就是他真正的想法，這就是看待未來的視野。儘管如此，這一章所選讀的是我認為頗能代表第四世界平民大學的文本。

下面這些由若瑟神父和參與者親口說出來的話，或者節錄自他們在巴黎第四世界平民大學的發言，或是出自第四世界平民大學主持人與小組帶領人在陶成培訓時的發言。

若瑟．赫忍斯基神父賦予第四世界平民大學的意義

一九七四年三月五日在巴黎地下室的大會，若瑟神父：「我們在此相遇，就像『活水成員』來上大學一樣，我們努力活出大學應該有的樣貌，不僅學習面對生活中遇到的各種問題，也學習觀看我們的生命，試著理解我們是生活在甚麼樣的經濟與政治系統裡面，這其中也有靈修與國家的層次，有各種專業的實踐與文化的元素。我們在此相遇，是為了一起學習人類這個大家庭為人創造了那些可能性，但也學習認識，它衍生了那些不義和痛苦。我們努力把彼此的經驗放在一起，如果能夠這樣相遇，我們似乎就向人類所累積的知識踏出了一大步。

如果，我們中間有些朋友沒有經歷過我們的生活處境，但是，他們願意聆聽，思考，理解，分析情況，如果我們能和這些朋友進行交流，那我們的大學就會更加豐富，更有成效，因為這些朋友來到這裡當然是為了學習，並且將他們在這裡看到和聽到的傳達出去。」

一九七七年五月三日，在巴黎地下室：「這裡是一間高等大學，即使別人沒讓我們上巴黎第八大學[21]，我們至少也有這裡這間。我們有義務要把我們的這些會議弄成一間真正的大學，我們做的每件事都要貫徹到底，努力讓社會大眾知道我們的強項，我們工作的意志，並

21. 譯註：巴黎第八大學（Université Paris VIII），又稱萬塞訥－聖但尼大學（Université Vincennes à Saint-Denis），是巴黎北郊的一所公立大學，以人文社會科學以及跨學科研究而聞名。

確保我們的榮譽和自豪。」

一九七七年五月十七日，在巴黎地下室：「上個禮拜，我們說那些工會的人無法理解，今天，議員們來到這裡，我們說他們無法理解，我們說那些老師不了解我們，我們說那些老闆也不了解我們……這些都是真的。但是，我們也得告訴自己：『我們是不是盡了所有的努力？能做的都做了嗎？』這就是巴黎這間地下室存在的目的，要讓別人理解我們。

我們絕對要努力讓別人理解我們，如果我們沒辦法讓那些站在我們面前的人理解我們，我們就沒辦法給我們的小孩吃牛排，千萬別做白日夢，這是非常嚴肅的事情。我們在這裡是為了一起下功夫，針對重要的議題，做出集體的表達，好

講者為若瑟神父。

讓其他人能夠理解。

每次來到這裡，不用說大家都知道，我們代表我們的社區，我們代表第四世界。今天來了三個議員，他們之前從來就沒有接觸過第四世界，他們離開了，他們心存善意，但是，他們甚麼都沒搞懂。然後，我們就說：『他們如果再來，我們就有樣學樣，踋得跟二五八萬似的。』我真的不懂。一定要讓我們的聲音被聽見，被理解，讓這些聲音開花結果。不然，我們就是在浪費時間，而且只是在讓底層同胞受傷。」

參與好幾番巴黎第四世界平民大學之後，盟友之間開始聚集起來，試著理解第四世界平民大學到底是怎麼一回事，若瑟神父藉此機會重新定義第四世界平民大學，並賦予其終極意義。

一九七七年五月三十一日：「這個地下室是怎麼誕生的？我們在談這個地下室的創生的時候，不能不談五十年代整個法國對抗貧困的時代背景。

第四世界運動的直觀是甚麼？它最基本的直觀就是它看破它在諾瓦集貧困區遇到的那群子民並不是偶然發生的，既不是因為暫時的局勢，也不是因為住宅問題，也不單只是學校的問題，或是資源短缺。第四世界的直觀就是它看出，這群子民一直就屬於我們所謂的底層無產階級（sous-prolétariat）㉒，之後，我們決定稱之為第四世界，為了替它正名，賦予正面的意義。

底層無產階級，這並不是我們自己發明出來的，我們只是讓它從歷史的陰暗處站出來。因為我們讓它走出歷史的陰影，我們馬上就質疑了整個社會政策，學校政策，經濟政策，教會政策，我們質疑的是整個社會。這是第四世界運動的直觀，這個運動發現了底層無產階級

22. 譯註：sous-prolétariat譯自德文的Lumpenproletariat，字面的意思是「衣衫襤褸的無產階級」，法文譯為sous-prolétariat，意即「底層無產階級」。根据馬克思的說法，「底層無產階級」指失去社會地位，被其他階級排拒，處於最底層的勞動階級，也包括游民、拾荒者、乞丐還有罪犯之類的邊緣人。漢法字典將之譯為「流氓無產階級」或「游民無產者」，並不十分正確。一八四五年，馬克思和恩格斯在《德意志意識形態》一書中定義此字，lumpen的意思是破布，所以在《路易・波拿巴的霧月十八日》（*The Eighteenth Brumaire of Louis Bonaparte*，一八五二）這本書裡，馬克思說這群人是其他階級所排拒的。

這個事實的存在。

一九六六年在諾瓦集貧困區，我們就開始讓居民發言，請他們表達，讓他們彼此相遇，不是針對立即性的問題，不是用水用電的問題，也不是汙水的處理，而是針對生命中最本質的問題讓他們彼此相遇：針對愛、家庭、宗教、政治等。然後，慢慢地，由於我們有了這間地下室，我們便告訴自己：『如果在這間地下室，有人願意來聽聽看……』我們這樣進行了一年，我們邀請了一些講者，但是，只有他們在那裏唱獨角戲，底層無產階級都悶不吭聲。他們離開講堂，到了走廊才說：『我本來想舉手發言，但是，我不知道該怎麼說。』所以，慢慢地，我們就有了這個主意，在大門上貼出：「『與第四世界對話』，意思是，第四世界要準備發言了，你們也要出聲了。就是在講者和你們之間有了共同的分享，就是不同生活圈的人要展開一種同窗情誼般的交流，要建立起一種深刻的思想與友誼，大家都有話要說，為了一起奮鬥，一起醞釀偉大的計畫。

透過這間地下室，這個意識覺醒，這樣的思考，這樣的發聲，我們想讓一群子民獲得解放。這就是我們在這裡想做的：讓人獲得解放。這個世界需要底層無產階級，我們手中握有這個解放的工具，為了徹底實現正義、自由和友愛。因為如果沒有底層無產階級的參與，我們的分析就無法徹底，一個社會得以運作下去的各種要求也無法得到滿足。

每次你們來到地下室，你們都不是單獨的，你們帶著自己受過的教育，你們的生活圈，你們的興趣，你們的家庭，你們的教會、你們的工會、你們的政黨、你們的社會計畫。」

一九七八年一月三十一日：「這些在地下室的聚會，我稱它們為「與第四世界對話」，那不只是一個相遇的平台，更是一個與其他人對話的平台。第四世界的家庭受邀來見證人面前發言，意即那些來到這裡，但本身並非出身貧困的人，在這層意義上，透過他們，是整個社會前來聆聽『活水成員』訴說的處境，表達的希望。對那些不曾被專注聆聽，不曾被認真對待的家庭來說，這是一個可以得到光榮的發言良機，在這裡，有人在乎他們的話語，有人重視他們的聲音。在平民大學的這個計畫，有聆聽，有對話，然後為了榮耀這樣的聲音，有人將它傳遞到別處：各教會，各社福中心，各種俱樂部，我們自己的家庭，所屬的政黨，工會……」

一九七八年二月二十八日：「在諾瓦集貧民窟，如果不是已經有二十七個組織在那裏，我們也難逃發放麵包與鞋襪的命運，我們就會開始從事社會救濟，我們可能就只是答覆開口要求援助的人。如果這個運動得以建立，並創造自己的策略、哲學，是因為其他人提供了服務，替我們鋪路，我很感謝這些人。他們給下層無產階級帶來不可思議的救助，他們讓我們得以走出其他路徑。

而我們在這個巴黎地下室所做的，就是步上了這條路徑。我們在這個地方要做出行動的決定嗎？又或者，完全相反，這個平台只是讓人可以一起思考，認識，互相肯認，意識到彼此真是一體的，是一股力量，互為師生，本質上就是一種大學？

又或者，這個地方會成為一個平台，我們會一起決定我們在別處要展開的一些行動，由這裡來遙控？這些問題不容易回答。

如果我們開始在這裡做一些救濟的行動，我覺得我們就辜負了這些家庭的期待。他們來到這裡，不是為了找到一些救助，而是找到一個身分。在這層意義上，當『活水成員』談到平民大學，他們談的是一整個族群。這就是為什麼第四世界並不是一種救濟，因為我們的身分不是一種私人求助的身分，而是一種集體且公開的身分，而且我們來到這裡，是為了找到一種共同的身分。

在平民大學，我們並非在這裡擬定政策，但是，我們教學相長，目的是達到政策的制定。」

一九七九年二月二十七日，跟參與巴黎第四世界平民大學的盟友的一場聚會：「我們在巴黎地下室的這些會議得要達成一些決議，每兩個月，或是每三個月，得要出版一份簡短的文件，紀錄所表達的一切，及有關行動的反省與見解，這樣一來，地下室的這些會議才能成為匯聚人們各種要求的平台，這樣一來，兩年後，我們才不會重複已經講過的東西，如果我們再次討論並閱讀，我們可以走得更遠，更深入，思考得更細密。

我希望這個平台可以發展出一種真正的政治教育，一個公共思考的陶成空間，這樣的思考可以讓我們進入公領域。

我們是否可以希望盟友在每一季結束的時候，將我們在這個平台所做的努力轉化成政策，好讓我們在兩年或三年後，針對已經討論的主題，看到進展？」

一九八〇年六月三日，在一場與盟友的聚會：「為了讓平民大學的投身通向一場共同的奮鬥，盟友加入貧困區的時候到了，條件是小心謹慎，不要聚焦於家庭的個別問題，要不計一切代價，避免再次落入救濟的套路；條件也是堅定拒絕選擇優秀份子當成脫貧業績，拒絕只倚靠那些掌握某種表達與思考能力的人。」

一九八一年十一月三日，在地下室：「我覺得非常出色的是，去年至今的進展。事實上，我們每年都有非常重要的進展，我們講話的方式越來越清晰，前後一致，有嚴謹的邏輯，也因此，鎮長、市長、省長、社工和學校也越來越願意聽我們說話。

我們的聲音應該被政府聽到，因為如果政府聽到我們的聲音，我們就會被當成社會夥伴；如果社會把我們當成夥伴，我們將不只是改善生活，別人也會讓我們跟大家一樣過活。我們要一起學會書寫，要學會怎麼撰寫一份報告。」

作者與若瑟神父。

一九八六年十月九日：「我參加各種演講的時候，便自問：為什麼是這些教授在傳道、授業、解惑，為什麼不是這些第四世界的家庭站在講台上？我們便告訴自己：窮人自己就能夠談論赤貧。這意味著，跟家庭好好做準備，不管是在貧民窟，或以團體的方式，或去到他們家裡，這樣一來，地下室才能成為一個平台，家庭可以跟其他人分享他們的痛苦與艱辛。」

一九八六年十月十六日，在皮爾耶的一場聚集第四世界平民大學各地主持人的會議：

「對底層的百姓來說，缺乏的就是一個能夠表達的平台，學習表達的同時，他也提供了教導，也就是他從自己的生活中學習到的一切，他為了過上安穩的日子做了哪些奮鬥，還有他在與其他人分享的過程中學習到的知識。我們覺得，他應該要能夠付出這個知識，在付出知識的過程中，這群子民就能夠內化這門知識，它就會變成一門真正的知識。唯有付出，才知道我們是否真正獲得了。只要這群子民能夠給出他們透過日常生活所習得的經驗與知識，他們就能夠深化它，它就會成為一門真正的知識，真正的人文科學。

因此，平民大學旨在向人們傳授精準的論據，之所以傳授是因為我們有一個教育計劃。

所以，在平民大學，參與者在一個相當明確的框架內接受真正的教育，而且他們擁有教授其他人的可能性。

這些家庭看待自己、看待自己的群體，看待其他人，看待時局的目光，這個目光，我們必須學到，因為這個目光是真切的。第四世界的家庭所說的之所以如此重要，是他們對社會的評斷與批判，還有他們對志願者團體的評論。

此事攸關他們自己的未來，挑戰太大了，所以千萬不能搞錯。這就是為什麼平民大學如此重要，在此，家庭向我們揭示了他們對社會的看法，還有他們對志願者團體以及和他們在一起的人的想法。

這是一個我們可以真正一起互相學習的完美平台，彼此平等，沒有任何優越感。例如，如果我們談論學校，相對於第四世界的家庭，我們對他們的學校經驗一無所知，但是，他們從自己的祖父母那一代，就認識了學校的歷史，他們是透過生活經驗認識的。我們除了學習，沒有別條路可走，而且如果我們沒有耐心學習，那麼一切都會和我們擦身而過，我們就只學到皮毛。我們就無法達到目標，向貧困者學習的目標。

幾個參與者賦予第四世界平民大學的意義

羅素先生（Russel）㉓在一九八三年二月寫道：「地下室是一所平民大學，在那裡不同生活圈的人齊聚一堂，即使生活條件不同，大家卻願意認識彼此，互相理解，團結合一，並告訴大家，在這個世界上不應該有人被排斥，一起聲明，每個人都有生存的權利，每個人都有相同的權利，這是明文寫在普世人權宣言上的。即使來自不同的生活圈，我們卻都在聚會中理解到，所有人都有共通之處，擁有共同的身份。」

一九九〇年九月，在「地下室」，羅素先生為第一次參加的新朋友介紹第四世界平民大學：「平民大學的建立是為了讓那些沒有經歷過赤貧的人可以跟我們站在一起。在這個地方，我們學習聆聽彼此，聆聽別人發言。有些人負責教導，告訴我們有那些權利是我們應該享有的。也因為大家互為師生，我們跟平民大學合作，跟一些社會聲望良好的人，跟經濟領域的專家，一起成就了若瑟．赫忍斯基神父在法國經濟社會理事會發表的那篇報告書，平民大學讓這件事得以成就。」

一九九一年十月二十六日，樂宮特（Lecointe）㉔先生：「對我來說，在平民大學最重要的是學習，陶成彼此，一起奮鬥，勇敢走向其他人，走向那些處境十分艱難的人。我們來到平民大學是為了陶成彼此，為了往前走，主動走向其他人。」

雅瑪莉：「我認為最重要的是那些從來不曾發聲的人可以發聲，練習發言。這便是平民

23. 參閱本書第十一章，羅素先生（Russel）在該章描述了自己的生命經歷。
24. 樂宮特先生（Lecointe）：法國巴黎北郊瓦茲河谷省（Val d'Oise）的「活水成員」，一九八七年首次參與平民大學，單身，特別致力於陪伴年輕人及無家可歸者。身障，有兩年的時間，他持續在天主教明愛會（Secours Catholique）服務。二〇〇九年，在一位盟友的陪伴與支持下，他出版了自己的自傳《一石一筐，愚公移山》，第四世界出版社，原書書名：*De pierre en pierre*。

大學帶給我的：能夠發言。對那些從來沒有發聲過的人，對那些不曾被真正聆聽過的人，這實在非常重要，因為在這裡，有人聽我們說話。讓每個人都有機會發聲，特別是那些最需要發聲的人，這點非常重要。如果他們發言，是為了鼓勵其他人也勇敢發聲。我無法想像一個沒有平民大學的第四世界運動，沒有這個平台要怎麼前進？用第四世界的思想去思考社會現象，實在是非常重要。」

杜費盟先生：「對我們來說，地下室就是我們的國會，我們在那裡討論，就像國會議員在國會論辯一樣。但是，彼此之間也有互助，在平民大學，互相鼓勵很重要。如果有人來到這裡，心情不好，笑不出來，但是，整個會議廳的人都鼓勵他，就很好。而且也會有慶祝活動！

在這個地方，我們想說什麼，就說出來，即使有頭有臉的大人物在那裡，也是一樣，我們用我們的語言（notre langage à nous）告訴他們，有一次平民大學在國會大廈㉕舉辦，那次我就沒用我自己的語言發言，怕他們完全聽不懂。在地下室，我們就用我們的語言表達。」

西蒙娜女士：「我們去平民大學主要是去聆聽其他人，並告訴自己：『你在那裡抱怨，你說你很窮，說你被壓得快喘不過氣，但是，你今天聽到什麼？別人的情況還比你嚴重。』如果我們沒有聆聽別人的精神，如果我們被自己的煩惱淹沒，就不用去那裡。因為我們只會呆坐在角落，那只是在浪費時間。如果你去平民大學，你是要去聆聽別人的，如果你想發言就開口。但是，當我腦子卡住的時候，我就不會去，因為去也沒有用。」

默費妮（Véronique Morzelle）是醫生，也是第四世界運動的盟友，她先在貧困社區帶領第四世界的街頭圖書館，後來參加平民大學整整三年的時間：「地下室是極端貧困的家庭發

25. 一九九二年一月三十日，法國人權諮詢委員會《赤貧與人權》報告書出版後，法國第四世界平民大學的代表出席了國民議會，一百五十名代表來自法國各大區：北加萊（Nord-Pas de Calais）、布列塔尼（Bretagne）、亞奎丹（Aquitaine）、諾曼第（Normandie）、隆河口區（Bouches-du-Rhône）、隆河－阿爾卑斯（Rhône-Alpes）、阿爾薩斯（Alsace）、香檳－阿登（Champagne-Ardennes），以及巴黎。由人權諮詢委員會主席保羅·布切特（Paul Bouchet）主持，第四世界的代表團與民選官員、國會議員、參議員及民間協會負責人進行對話。

聲的地方，我們這些盟友來到這裡，首先是為了學習，在平民大學有盟友的參與是非常重要的，這樣才能讓這些聲音傳播到別的地方，在這個地方所發出的聲音必須在別處發生影響力，例如法國人權諮詢委員會的那份報告㉖，這個聲音的確在地下室以外的地方產生了影響。」

對杜陸喜（Lucien Duquesne）來說：「平民大學確實是新社會的大熔爐，我們為此而奮鬥，這要歸功於最貧困者的表達，也要歸功於他們與其他人的交流，這就孕育出一種新的共生方式。在這裡，我們可以建立未來的新社會，在那裏，不再有人被排斥，在那裏，赤貧者的聲音可以被別人聽到，各種對話與交流得以發生。在地下室，我們將發言權優先給那些平常不發聲的人。沒有其他地方有在積極促進最貧窮的人和其他生活圈的人建立共識。一開始的頭幾年，『地下室』將自己定義成讓赤貧家庭得以表達自己的地方。現在，我會說，這個平台更是一個思想交鋒的地方，亦即赤貧者的生活現實與所思所想和其他思潮交鋒對質的平台。這就是為什麼，我們在選擇平民大學的討論議題時，總是跟時局相關，為了揭示貧困者的見解。」

26. 時任第四世界領導團隊成員的費洛德（Claude Ferrand）於一九八八年繼若瑟．赫忍斯基神父之後，擔任「法國人權諮詢委員會」的委員，一九九〇年六月，一份由於極端貧困導致人權被否認的研究案在該委員會通過了，而且是以極端貧困的家庭為合作伙伴。在各地的平民大學，「活水成員」參與書寫，詳述並分析了二十一種失去權利的情況。一九九一年六月十八日，法國人權諮詢委員會聽取第四世界的意見，巴黎平民大學有三位代表參與。一九九一年十二月二十日，該委員會投票通過這篇報告，印製兩千冊分送給相關組織，並列入該委員會的年度報告。

第六章

第四世界平民大學的基礎與本質

一九七二年，為了邀請生活極端貧困者參加第一次「與第四世界對話」，首篇文本誕生了，我們可以從中領略第四世界平民大學的基礎與本質，初衷如此，後來也一直被持守著：

「對話的遠景是為了積極投身㉗（militantisme）於一場奮鬥，也就是消除極端貧困。這就是為什麼一開始，籌備會議是在第四世界運動總部皮爾耶舉行的原因，目的是讓大家可以了解第四世界運動的全貌。對話的目的是要學習公開表達意見，為了告訴那些不是來自第四世界的人，你們是誰以及你們的生命經歷。」

平民大學想要成為解放第四世界的工具

雅瑪莉說：「獲得解放，意味著知道自己在這個社會上是個人，不管是誰，每個人都有一個位子。每個人都很重要。獲得解放意味著知道自己有權利活在這個社會上，有權利發聲，有權利說出發生了那些不公平的事。獲得解放就像獲得新生一樣，你可以活出以前沒有經驗過的生活，活出另一種生活。」

韓瑪芳則是這樣陳述第四世界運動建議的解放：「你脫貧了，但，你為了一個集體的重生繼續奔走，你特別要去尋找那個到現在還沒脫貧的朋友，唯有如此，你才能獲得真正的解放。」

若非如此，我們談的解放就沒有意義，若非如此，那就只是個人的階級流動，或部分人的階級流動。

27. 譯註：法文「militantisme」這個字的定義是為了支持同一個目標、同一項志業，在一個組織或一個政黨內，積極展開行動的態度與精神。

第四世界平民大學是一個建立身份認同的地方

人們在週間的黃昏來到巴黎市中心，有那麼幾個小時的時間，他們離開了泥濘的環境，或是灰暗的樓梯間，或是過於窄小的居所，他們讓先生或老婆留在家裡照顧小孩，或是夫妻一同前來。其他人則是離開了舒適的公寓，他們也暫時把孩子或朋友留在家裡，為了參與第四世界平民大學。每個人自由決定，自主前來。在這個地方，不會發放任何物資，既不會發放食物，也不施捨衣服，也不會給補助款，但是，半世紀以來，長期貧困者甘心規律前來，沒有任何人強迫，沒有任何社會控制，也沒有任何人施壓。為什麼？

在「地下室」，每個人的尊嚴都獲得肯認。可惜的是，長期貧困者若出現在媒體的報導，通常是因為發生了某些社會事件，他們的身分常在這樣的背景下被錯認，而且，即使他們參與正向集體的行動，也經常只是被外界用小名或綽號指稱：阿德、光頭妹、巧虎、皮皮等，好像他們的真實身分無足輕重。在第四世界平民大學，若瑟．赫忍斯基神父總是會尊稱他們林先生或杜女士，藉此表達每個人在成為一個團體的見證人之前，首先應該被肯認為獨一無二的個體，是一個無法取代的人。這並不是一個形式上的枝微末節，而是對生活在赤貧中的同胞所表達的尊敬，是尊嚴的本質之一。

還有一個原因，走進巴黎地下室的人，不僅來自大巴黎地區的好幾個市鎮，更有人遠道而來，從法國北部的里爾（Lille）、西部的康城（Caen），東北的漢斯（Reims），南部的馬賽（Marseille）、以及鄰國比利時的布魯塞爾來到這裡。非常貧窮的人認出彼此，發現彼此歸屬於同一個團體，是同一群子民。一九七五年開始，以位於巴黎頂級路地下室醞釀的能量為基礎，第四世界運動組織了第一場大會，那是為了迎接國際婦女年的婦女大會，一九七六年則是家庭大會，接著，又組織了很多場區域性與國際性的大型集會。

年復一年，對赤貧者和那些願意加入他們的人來說，第四世界平民大學，成為一個身份認同之地，為了根除赤貧，他們相互陶成。這樣一個讓人有歸屬感的地方，不僅僅是一種地理上的歸屬，更象徵著在一起，我們有辦法更新存在方式，有辦法一起行動。

在這所大學，第四世界的「活水成員」才是老師

以他們的親身經歷為基礎，非常貧

平民大學。

窮的家庭有話要說，有東西要傳授，但是，為了要讓這番話被聽見，表達必須是清晰的，也因此，在貧困社區的準備功夫不可少。

若瑟神父經常邀請長期貧困的同胞追求新知，學習讀寫或再次拿起書本，重新提筆，練習記筆記，訓練口才，咬字清楚，他要他們對下一代的教育懷抱夢想。但是，他並沒有在平民大學的框架內，創立識字班或口語表達課程。這樣的學習應該發生在社區，在鄰居親友間，或是借重專精這個領域的協會。平民大學的角色是點燃並鼓勵這股學習的熱情，並引進學習方法，有益於維持學習的渴望。

在第四世界這所大學，任何主題都可以被討論，唯一的條件是，這個主題必須先由「活水成員」的生命來光照。討論主題都與時事有關，跟國家及世

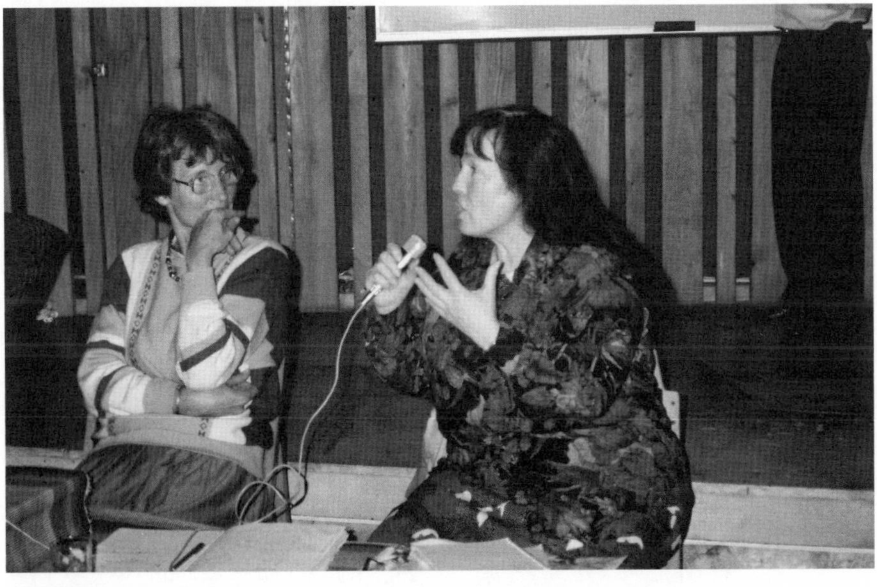

窮人吾師。

界的局勢有關。例如，一九九二年，該年的討論主題便是歐洲。那年，來參加平民大學的一些受過高等教育的朋友，很驚訝我們並沒有從歐洲各機構這個角度來討論歐洲。有好幾次大會，我們試著透過和我們一起生活的兒童，少年與身心障礙者，透過我們的工作及日常，思考如何建立一個屬於每個公民的歐洲，為此，有那些問題浮現了？還出現了那些建設性的想法？那年，最後一場大會以研究《歐洲聯盟條約》㉘作為總結。

在創立第四世界平民大學的同時，若瑟．赫忍斯基神父顛覆了這個社會與赤貧者的關係。我們是否準備好要懇請赤貧同胞分享他們的聰明才智，並提供方法與平台，好讓他們的智慧可以開花結果？這是平民大學最基本的追問，是平民大學的基礎，也是一個永恆的目標。我們是否準備好要和他們平起平坐，不僅在人性方面，而且在經濟、政治、宗教方面的專業知識也是如此……？

第四世界平民大學沒有所有問題的答案，也不是唯一的答案，但是，他確實證明如果我們情真意堅，並且給出方法與資源，是可以達到目標的。

無論是哪一方，都必須做出努力。「走向窮人」，如果是為了發便當、發毛毯，這是大家普遍接受的作風，是一種很容易跟別人解釋的濟貧行動。但是，坐在他們旁邊，為了一起思考，而且樂於保持沉默，以便聆聽那些咬字不見得清楚的人，有時甚至東拉西扯，沒有章法，因為，這個練習表達的經驗對他來說太不尋常了，而且是非常嚴苛的要求。向貧困者學習本身就是顛覆追問自己和別人的問題，問題不再是：「我要帶甚麼東西給他們？」而是：「我從他們那裡學到什麼？」

28. 譯註：《歐洲聯盟條約》即《馬斯垂克條約》（*le traité de Maastricht*），於一九九一年十二月九日至十日在荷蘭的馬斯垂克舉行的第四十六屆歐洲共同體首腦會議中經過兩天的辯論，最終通過並簽署了《歐洲經濟與貨幣聯盟條約》和《政治聯盟條約》，合稱《歐洲聯盟條約》，正式條約於一九九二年二月七日簽訂。

在第四世界平民大學，最貧窮的人最優先

「活水成員」在第四世界平民大學練習整理自己的思想，說出自己的聲音，但是，這所大學對他們最大的要求是，能夠自信發言後，努力保持沉默，讓位給更貧窮的人，以便有朝一日，最貧窮的人也能夠發出聲音。這是這所大學最根本的目標之一，否則，我們會再次落入真實存在的風險，那就是與一群能言善道者前進，卻讓鴻溝進一步擴大。不斷走向最貧窮的人，是第四世界運動成立的初衷，也是這所平民大學的構成要素，外界很難明白這點。

為了深入理解，必須把它放在人民運動和工人運動的歷史脈絡上，才能提醒自己和強而有力者，和那些大家都認為比較積極主動者大步前進，卻再次遺棄弱勢者的風險是多麼真實。如果不努力走向赤貧者，如果不去邀請最弱勢的同胞參與現在和未來的集體思考，他們必然會陷入更深的困境，再次被排斥，於是，已經承受多年的痛苦和排斥繼續蔓延。最貧窮的同胞真實的參與第四世界平民大學的第一要務，它創造了這所大學的存在方式與主持風格。

第四世界平民大學是一個和社會對話的地方

同意在一百多人面前對著麥克風講話，貢獻自己的思維，就已經證明了對話的意願，或者至少願意進入對話。第四世界與社會各界對話：學校，企業，教會，工會，文化中心，都

發局等政府部門……盟友有義務在自己的生活圈投身，並將這些經驗帶到平民大學，而且，最重要的更是把他們從赤貧家庭那裡學到的東西，傳達出去。代表各種思潮與各種多元經驗的知名人士參加了這樣的對話。

如果說，不同生活圈的人可以自然而然的相遇，那麼第四世界平民大學就沒有存在的餘地，因為如果是這樣，赤貧早就不存在，令人無法忍受的赤貧早就被根除了。對某些來自富裕生活圈的人來說，走進「地下室」的石階首先是一種身體的嘗試，然後才是知性的努力。赤貧在底層同胞的面容，身體，衣著和行為留下烙印，有時甚至會發出異味。保持自己的樣態，並自在地與來自不同生活圈的人共處，並不總是那麼容易，因為彼此的外表就已經有很多差異。

一樣米養百種人，這些差異存在於「地下室」，一如日常生活中也存在著差異，但是在平民大學，每個人都知道他們將試圖超越這些差異。交流的基礎是尊重，相互尊重是任何溝通都不可或缺的。有時尊重憤怒，尊重笨拙的表達或難耐的沉默……但，也包括對自己的尊重，這種尊重並非出自外部規則的強迫。

所有來到「地下室」的人都接受了第四世界家庭的邀請，正是那些極度貧困的家庭邀請大家前來與他們一起反思。這就是為什麼，例如在巴黎第四世界平民大學，我們不會因為受邀嘉賓的要求而更改平民大學的日期或時間。被邀請是一種榮幸，這個邀請也許會打亂對方密密麻麻的行事曆，如果對方還沒做好準備，那麼或許進行真正對話的時刻也還沒到。

第四世界平民大學是一種政治行為

這是一種政治行為，從某種意義上說，人們聚在一起是為了認識並捍衛自己的權利。打從一九七四年開始，若瑟．赫忍斯基神父就提出在平民大學編撰《第四世界婦女憲章》（charte）的想法。這篇憲章的第一版花了一整年的時間編寫，校正後又重寫，那是為了在一九七五年十二月六日至七日在第四世界婦女大會上公開。之後，第四世界運動參加了聯合國在墨西哥主辦的婦女大會，第四世界就以這篇憲章為基礎，與所有其他國際代表進行對話。

這個工作方法是為了讓這些言語產生實際用處，用來與人溝通，而且書寫下來，這個努力在來年繼續，也就是當時完成的《第四世界家庭宣言》。這樣的工作方法一直持續至今。一九六八年撰寫的《陳情書》讓世人得以認識第四世界子民的存在。巴黎的地下室則讓第四世界的代表得以透過他們自己的運作產生出來。

平民大學激發「活水成員」的投身

持久志願者博亨利用一句話總結第四世界「活水成員」的積極投身：「成為『活水成員』就是意識到自己投身於一場根除赤貧的奮鬥。」接下來所展開的各種行動都出自這個意識覺醒，不過積極投身的召喚並非只針對第四世界的家庭。

一九七四年十一月，在一場討論婦女處境的平民大學中，若瑟・赫忍斯基神父就鄭重詢問了一位參與者：「先生，請您將我們的憲章交給吉魯德女士（Giroud，法國當時的婦女處境部長）。我們懇請您成為一名積極投身的盟友，我們不需要代言人，但需要與我們一起投身的人。」早在一開始，呼籲每個人投身就已經在地下室發出迴響，有好幾個平民大學的參與者後來成為持久志願者。

但是，若瑟・赫忍斯基神父拒絕直接從地下室組織任何代表團或護衛人權的行動，因為他知道這些行動早晚會鳩佔鵲巢，而正在成形的平民大學還在創建階段。平民大學可能激起行動方針，但行動的組織始終是在平民大學以外的地方進行。例如，為了支持法國北部的一個家庭，這個家庭的父母被控虐待兒童，事實上，赤貧加上大家對這個家庭置之不顧才是這起悲劇最深的緣由，應該控訴的是社會的漠視。平民大學針對所獲得的資訊討論了這起事件，稍後將在各社區組織前去參加該場訴訟的代表團。

一九七八年，在法國各大區以及比利時和英國都建立了第四世界平民大學，為了鼓勵和擴展這樣的意識覺醒，第四世界運動總部皮爾耶開始舉辦各項培訓。若瑟・赫忍斯基神父鼓勵大家：「你們得知道，這些陶成是為了你們而存在的，這是你們的事。在第四世界，越來越多的人開始站出來，組織自己，自我陶成，這是非常非常重要的。」實際上，第四世界第一批成年的「活水成員」已經能夠表達底層的生命和想法，從今以後，他們可以成為自己所屬階層的代表。

最後，參加第四世界平民大學不僅僅是在星期二晚上來到巴黎的「地下室」。事實上，平民大學建議的是一種不斷的練習，意即發揮自己的才智，在各個領域進行反思，目的是避免任何人被排斥在社會、政治、文化生活之外……，從而使每個人都成為完整的公民。在地下室，我們體驗到這項計畫並不是烏托邦。打從一開始，這就是一個胸懷壯志的計畫，需要嚴格地持手目標並不斷創造足以建構新知的方法學。

第七章

有些事情，
沒有任何人可以替我代言

李果（Ligot）女士走過的歷程讓我們了解參與第四世界平民大學需要時間與長期反思。

李果夫婦於一九八九年透過自由生命（Vie Libre）協會認識了第四世界運動。幾次接觸後，李果先生再次找到工作，而李果女士則認識了平民大學。

初次參與第四世界平民大學

一九八九年十一月七日，李果女士第一次參與平民大學，這次她代表伊夫林（Yvelines）省的準備小組發言。在最近出版的《第四世界運動陳情書》㉙，有一段話吸引了她的注意：「多少人像我一樣：睡在簡陋的小屋裡，睡覺的時候，只是躺在地面的一塊紙板上……。」

李果女士會事先準備好她的發言稿：「我想告訴你們，這就是我父母的一生，我也承繼了這樣的

李果女士。

29.《第四世界陳情書》（*Les cahiers du Quart Monde*）：所有與拒絕赤貧相關以及投身其中的人寫下了以〈我的見證〉為標題的證詞，透過這些內容編寫成《第四世界運動陳情書》。跟隨「世界拒絕赤貧日」的節奏，自一九八九年開始，每年十月十七日都會再次更新陳情書。

窮困，我有兩個小孩，雖然他們已經長大，但也和我一樣繼續生活在窮困中，我想告訴你們，一九四八年，我們的母親生活在赤貧中，一九八九年的今天，赤貧還是繼續存在，這就是為什麼我們必須對抗赤貧。」

第一次參與平民大學時，李果女士說：「我很開心，我看見跟我們不一樣的人願意互相幫助，這是非常美好的事。在我生活的那塊荒地，沒看過這樣的事情。在平民大學，我眼裡只看見赤貧的人，我很清楚知道這裡有些人與貧窮家庭相當親近，而且願意幫助他們，像阿朗（Alain）和瑪莉安德烈（Marie-Andrée），但是，我眼裡只看見貧窮的人。」

那天之後，李果女士參與所有在巴黎與凡爾賽的第四世界平民大學，她的丈夫在這一年逐漸減少參與，隨著後來與另一個家庭發生糾紛，便決定停止參與，不過還是鼓勵他的妻子繼續，而且他還是會出席第四世界其他公開活動。

在來到第四世界運動之前，李果女士沒想到會在這裡遇到青梅竹馬的朋友史莉瑪（Slimani）㉚，她們倆小時候都曾經被安置在普萊希爾（Plaisir）㉛的小近療養院（Petits Prés）。李果女士雖然想忘掉這段經歷，但是和史莉瑪女士重逢後，兩人常常一起談起這段過往。

第一次發言

一九九〇年十一月二十七日，平民大學的主題是：「這根本就是法律的問題」。那次邀請的嘉賓是法國人權諮詢委員會的主席保羅．布切特（Paul Bouchet）先生，這次大會人數眾

30. 史莉瑪女士（Slimani）於一九九四年十二月二十六日去世，享年五十三歲。在離世前的那一年，她已經無法來參加平民大學，她一輩子都為了能夠活出母親這個角色而奮鬥，這使她筋疲力竭，親職不被承認使她病入膏肓。
31. 譯註：普萊希爾（Plaisir），法國中北部城市，法蘭西島大區伊夫林省的一個市鎮，隸屬於凡爾賽區。

多，除了主場聽眾以外，還有人在地下室其他廳室透過影像轉播參與。李果女士與史莉瑪女士就在地下室的其他廳室，這個夜晚對大家來說都很豐富。

史莉瑪女士還不太習慣公開發言，但，還是勉力走到地下室的大廳發言，說她無法忍受有一個家庭居然被迫在樹林過活，她總結：「這種事情不能繼續發生在法國這樣的國家，立法有問題！」第四世界「活水成員」的發言通常都是根據具體的生活經驗，保羅．布切特先生回應他對法律的看法，他說法律為民主帶來進步，但也有很多限制：「不要過於指望法律……。」布切特先生堅稱法律無法告訴你現實生活中的尊嚴、自豪與愛該如何去實踐與解決。在平民大學結束前，就像稍早的史莉瑪女士，李果女士也從樓上的一個小包廂走下來，站在大廳用麥克風說話，過去一年多她在「地下室」一直保持沉默，她以自信的聲音為這個夜晚作出總結：「我有幾件事情要說，我想對布切特先生說，剛剛他提到不要過於指望法律，但我們就是指望有好的立法，例如，希望孩子不會因為貧困被帶離父母身邊，不至於因為貧困而被迫骨肉分離。」李果女士舉了一個處境非常艱難的家庭的例子：「我們能依賴甚麼？我們需要好的法律，我們能向誰申訴？總統密特朗先生嗎？我們要跟他說：『你是我們的弟兄，我們都是兄弟姊妹。』然後呢？我們需要法律，這樣就不會有人要睡在外頭受凍，需要有人幫助我們，單槍匹馬，我們沒辦法造成改變。」

回顧這些年參與平民大學的經驗，李果女士對這一次的參與印象深刻：「我不同意這樣的看法，我們這些第四世界的人，我們需要好的立法，我們沒辦法靠自己做到這些事。例如，我們希望那些被強制安置的孩子能夠不再受苦，但我們不能只靠自己，還需要更上層的人來改變這些法律。」

初次對話

從那天開始，李果女士比以往更積極參與討論，即使在大會時總是相當低調。她認為自己必須先聽聽別人怎麼說，因為其他人通常會說出她想說的話。在定期參加後，李果女士逐漸能表達自己的想法。例如，在一九九一年三月二十六日的平民大學分組討論時，李果女士明確知道她想說的話，並如願表達出來。

李果女士：「你們以為自己有辦法讓從來沒經歷過赤貧的人理解赤貧？不可能。同樣的，你們討論自己沒有經驗過的赤貧，也是做白工。沒有親身經歷，無法了解，只是隔靴搔癢。」

持久志願者馬貝娜（Bernadette Macabrey）[32]：「即使沒有經歷過赤貧，還是能夠試著去理解。」

李果女士：「我不知道，我覺得很難。」

馬貝娜：「若瑟神父不就召喚了許多人到他身邊。」

李果女士：「他們可以試試看，我不反對……但是，他們必須擱下其他事情去到現場，並邀請其他人也這麼做，才有辦法看到一個家庭生活在赤貧中是怎麼一回事。也許，他們最後可以理解。想認識赤貧，這是唯一的方式。」

一個盟友：「透過書本也可以認識赤貧。」

李果女士：「沒錯，但這只能看到赤貧的表象，透過文字閱讀，還是隔了一層，讀萬卷

32. 馬貝娜（Bernadette Macabrey）於一九七七年加入持久志願者團體，先後被派駐漢斯市（Reims）、里爾市（Lille）、海地（一九八三～一九九〇）。一九九〇年九月，她開始負責第四世界之友祕書處，和第四世界的會員及捐款者保持聯繫，同時也主持瓦茲河谷（Val d'Oise）省的第四世界平民大學，直至一九九三年。她受過幼教師資培訓，一九九四年於雷恩（Rennes）教育學院取得教育學士學位

書，不如行萬里路。」

李果女士從未拒絕接待有心人到她家拜訪，她住在一輛拖車上。訪客有記者，有名人，為了讓他們親自到現場，透過討論，深入理解，她總是來者不拒。對她來說，讓赤貧的人說出他們想說的話是很基本的，這樣才能真正讓人了解赤貧。

「平民大學讓我學會如何對話。在這裡有人願意聽我們說話，不會像在社福單位那樣，老是被當成三歲小孩被訓斥。我已經算是個機靈的人，但自從參與平民大學，這裡歡迎許多艱苦人，也使我們更有信心去面對困境。在平民大學，我們會看到比自己更辛苦的人，這是真的，至少我的孩子沒被社福單位帶走過。所以，我們學會如何接近其他人。我們團結在一起，成為朋友，互相交流，並且也認識我們的權利。之後，我們去到社福單位，他們還是把我們當傻瓜，但是，我們讓他們知道，我們不是傻瓜，我們也認識法規。而且即使法律沒寫，我們也知道自己有被尊重的權利，他們不應該出口傷人，我們有話要說。」

書寫，第二種表達方式

一九九一年五月二十八日，李果女士在母親節寫了一首詩。她不想自己朗讀這首詩，這首詩承載太多關於她的故事。

她還記得自己被帶離母親懷抱、被強制安置那天，當時她才四歲：「這些回憶不時在我腦海中縈繞，我想盡辦法要忘記，卻不斷重新想起。有人想讓我知道我在哪裡出生，那個爸爸媽媽拚命想留住我的地方。我去了一次，看見老家，我告訴自己：『我絕對不會再回到這裡。』就這樣畫下句點，回憶太痛苦了。社工要來帶走我們的時候，爸爸媽媽拚命抵抗，她緊緊抱著我，她哭喊：『不要，不要帶走我的孩子。』年紀越大，記得越清楚，這種事情，你永遠無法忘記。」

母親節

當我在妳身邊，媽媽，
我是這麼的安心。

妳給我如此多的溫柔與幸福，
今天是母親節，
我卻沒有任何禮物可以給妳，
妳會原諒我嗎？
我想告訴妳，
我在心裡對妳大喊：
我愛妳。

長大後，
我好希望能長得像妳一樣，

我要親手為妳梳妝，
妳那一頭秀髮，
因著多少年的苦難與哀傷變得白髮蒼蒼。

我要送妳好多漂亮的衣裳，
用玫瑰花裝飾妳的庭院，
為妳帶來滿室芬芳。
我知道妳喜歡這些，
我要讓妳像皇后一樣。

媽媽，不要哭泣，
擦乾眼淚，微笑吧，
這應該是遺忘、放下的一天，
這是應該開心度過的一天，
希望平民大學的所有母親，
都有一個快樂的母親節。

（李果女士）

寫詩對李果女士來說是她特別喜歡的表達方式，那是她跟寫作建立關係的方式，她用這樣的方式轉譯她的感受，轉譯她從其他人身上聽到的故事。她也寫了一首關於若瑟．赫忍斯基神父的詩，雖然她並不認識若瑟神父，但透過凡爾賽第四世界「活水成員」理查（Richard）先生提及若瑟神父的方式，她留下深刻的印象。她也寫了關於辛蒂雅（Cynthia）與瑪莉羅（Marie-Laure）的詩，這兩個孩子是身心障礙者，他們的雙親常在平民大學提到他們，馬果女士說：「我想要跟雅瑪莉女士及她的先生杜費盟說，當他們談到自己的孩子的時候，我很有感觸，杜費盟先生說大家很容易遺忘身心障礙者，我想讓他知道這不是真的。」李果女士聯絡了溫立光（Jean Vanier）在聖雷米（Saint-Rémy-Lès-Chevreuse）的方舟傷健團體，她去參加了該團體的開放參觀日，之後她也繼續定期去拜訪這個團體。

捍衛自己的權利

李果女士這樣評估她在平民大學的參與：「我真正開始在平民大學發聲，是因為我意識到沒有人可以替我發言，沒有人可以替我說出我真正的經歷。我在廢棄荒地的生活，沒有人能夠理解，只有我自己能說。」

例如，一九九二年，李果女士一家的拖車停駐的荒地發生了一件事，她會以這件事為例來表達她對正義的想法，並展現出她的智慧。這家人暫居的荒地隸屬於一間私人公司，公司員工也在這塊荒地的拖車上住著，那邊有一些便利日常生活的規劃與設施，他們勉強接受李果一家住在另一邊。即使在同一塊荒地，卻是兩個世界，因為他們居住的拖車類型大不相同。

一九九二年三月，開始有柵欄將這塊空地分隔成兩個部分。在八治（Baillet）[33]國際赫忍斯基中心的一場會面，當我們正反思若瑟．赫忍斯基神父的一篇文章時，李果女士說：「有件事情現在就發生在我住的地方。有一間公司來了，他們在我們和他們之間放了柵欄，我很有禮貌的詢問：『這些柵欄是做甚麼的？』有人回答：『我不知道，我們只是奉命行事。』」我告訴他們：『那你們應該要貼上告示，我知道告示上應該寫甚麼：富人區與窮人區。』我表達的方式，沒讓對方看到我的不舒服，我是笑著說的。他們離開的時候沒有說一句話。現在，我在那個柵欄上晾了我的床單和棉被，我利用這個柵欄，讓它變成對我有用的東西。即使我邊笑邊做這件事，心裡卻是痛苦的。因為他們讓我徹底明白，他們擁有一切，而我卻一無所有。有時候，他們會忘記放下欄門，我會去把它關起來，讓他們明白這個地方是我的家。」

「我不想表現出自己的窮苦，回頭看這個柵欄的故事，看到富人與窮人之間的藩籬當然讓我難過，但是，我不想讓他們看到我的不舒服。我對他們微笑，我和他們打招呼，即使他們從來沒有回應過我。我讓他們知道柵欄對我有用，我可以用來晾乾衣物，這也算是自我解嘲。」

隔年，李果女士在柵欄上放上花朵。在參與平民大學期間，和一群學者會面時，她表現出一種哲學，讓大家知道，即便在充滿惡意的環境，赤貧者仍然能從中創造善意。

當這間公司把員工安置到空地的另一邊時，李果女士一家的電力就被切斷了，只有公司員工那邊還繼續供電。李果女士做了很多努力，想讓電力恢復。「沒有電視可以看的時候，

33. 譯註：八治（Baillet-en-France），位於巴黎北郊約二十公里處的市鎮。

你會做甚麼？傍晚的時候，我們只能吃飯，睡覺，甚至沒辦法借用燭光看書。」這家人終於在孫子出生時，自己買了發電機，又過了三年，電力公司才重新供電。

對李果女士來說，平民大學也是給她自信的地方：「那位歌手在平民大學跟你們說：『你們的要求有點嚴格，你們要他們用英文唱歌，用德文唱歌……』但是你們讓他知道，我們是有能力的，我們做得到，這就是信心。當我們擁有自信，就知道我們有能力捍衛自己的權利，而且還可以走出去幫助其他人。」

捍衛其他人的權利

一九九二年夏天，李果先生與李果女士騎摩托車去會見一個住在森林的家庭。

同年九月二十九日，李果女士在平民大學提到那次的相遇：「這位老奶奶七十一歲，他們一家人住在破破爛爛的小屋。裡面完全沒有燈光，黑漆漆的，牆壁都是黑的，所謂的床是一堆破布，我好想大叫。我向你們保證，我踏進門的時候很想大叫。一開始他們在森林接待我們，不敢讓我們進去屋內，後來我們又去了一趟。」十月起，伊夫林省的小組開始準備平民大學的討論主題，他們接待了這個住在森林中的家庭。十一月二十四日，這個家庭有一位成員來參與平民大學，他在下班後獨自前往。

對李果女士來說，和這個家庭的團結關懷是這麼自然而然。有一次介紹第四世界平民大學的會議，一個社工問她：「你自己都自身難保了，你還能幫助其他窮人嗎？」她很生氣，她回說：「助人這件事，不只是錢的問題！還有友誼，我們還是能和比我們更窮的人建立友誼。我無法想像自己送錢來給這個家庭，這肯定會傷害到他們的自尊，他們不會接受。我們可以教導比我們富有的人關於人生，關於如何拚搏、如何團結、如何建立友情、如何理解彼此……。」

對李果女士來說，所有參與平民大學的人，即便其中有些人比較富裕，但是，他們願意親近窮人，他們就在那裡，親臨現場。當她提到「有錢的人」，這是一個她想要去了解的世界，她想知道他們在想甚麼：「將來有一天，我要去一間漂亮豪門按他們的電鈴，問他們對貧窮的想法，我想知道他們的反應。我常對自己說：一個有錢人，只要他還有錢，就沒事。但是，破產的時候，就沒輒了，他們沒辦法像我們一樣，想方設法活下來。窮人是一直在為生存奮鬥的，我一輩子，一直為了我的家庭奮鬥，而且苦盡甘不來。」

在對平民大學進行評估的時候，李果女士對這個議題釐清她的想法：「我想問一件事，透過平民大學，含著金湯匙出身的人對其他不同出身的人有多一點了解嗎？就這樣，我不想責怪他們。他們出身豪門，也不是自己選的。」我很驚訝她這種宿命的觀點，因為她為了抵抗命運，不曾停止拚搏。李果女士解釋：「俗語說，命帶骨，削也削不掉。我生下來就是窮人，我必須和命運對抗，好讓下一代能夠翻身。但是，這些年輕人不像我們那麼有力量去對抗命運，所以，我們不能停止拚搏。這是為什麼我帶兒子來平民大學，也許他能夠在這裡長出韌性。他現在已經有些改變了，他說：『當老闆之前，得先在基層當過工人……。』」

「那些來平民大學的人，這些盟友，也需要和我們分享他們如何對抗赤貧。我不是要等著他們過來幫助我，不是，我希望他們理解我們是怎麼走過來的，我們如何拚搏，這些也能夠給他們帶來勇氣和新的想法。我們對自己所做的拚搏，所做的努力，感到自豪。」

李果女士曾經和一個盟友協同，試圖支持一個家庭，那個家庭的孩子很可能被強制安置，在該市，一個支持該家庭的委員會逐漸組織起來，成員包括學校和一個協會。

李果女士也跟我們分享她的批評：她特別不喜歡平民大學改變主持人，即使這不影響她在平民大學的參與。這樣的焦慮也許來自她人生中不斷遇到的各種不安全感。同樣的，她非常強調彼此的坦誠和正義的重要性。例如，當小組內發生甚麼不對勁的事，必須要說出來，並做出決定。

平民大學是一個建立歸屬感的地方

為這五年來參與第四世界平民大學做總結，李果女士說：「你們還記得嗎？有一次討論主題是分享讓我們記憶深刻的地方，我們喜歡的『故鄉』[34]。我一生不曾有過能夠感覺像故鄉的地方，因為我常常要帶著家當東奔西跑，現在我知道有個地方，總是給我很多開心的回憶，那就是平民大學，我在這裡有很多美好的回憶，我會對我的孫子說：嘿，有一個地方，就是平民大學，它真的就是我的生活圈，我的家，因為在那裡我可以放心說話，就像跟自己的家人說話一樣。」

34. 參閱若瑟・赫忍斯基神父於一九六二年所寫的文章〈還給被排斥者一個故鄉〉（*Rendre aux exclus une terre natale*），收錄於《手稿與談話》（*Ecrits et paroles*）一書，由聖保祿出版社（Saint Paul）出版。

第八章

平民大學的步驟與方法

為了讓第四世界平民大學能夠真正成為大家來向貧困者學習地方，並達成相互陶成的效果，必須確保某些條件。

臨在於非常貧困的社區

如果沒有在日常生活中與貧困族群來往，沒有持久志願者的臨在與投身，就很難贏得赤貧者的真實參與，也就不會有第四世界平民大學。這是第四世界平民大學存在的一個必要條件，日常生活中的來往不僅是一種方法，更是守望相助，同甘共苦的團結關懷。在底層無產階級貧困區，如果沒有持久志願者的臨在，就不會有第四世界平民大學。一九七一年開始，正是這些志願者邀請了第一批赤貧者來到巴黎平民大學，並且事先在貧困社區主持準備小組。

如果沒有駐紮在社區和家庭一起生活，沒有一直想方設法敦親睦鄰，第四世界平民大學肯定會逐漸失去赤貧者的參與，因為吸引他們的首先是人與人的關係，而不是冠冕堂皇的想法。

一九七四年六月，若瑟神父告訴持久志願者：「『活水成員』參與平民大學的頻率可以衡量我們臨在貧困社區的質地，真正有品質的臨在，會吸引他們去到平民大學。」

住在貧困社區，和貧困者當鄰居

彼得先生（Pierre）是巴黎平民大學的首批參與者之一，他解釋了志願者出現在他們困苦的日常生活中，與他們為鄰的意義：「喬安東（Antoine Jauffret）和我們一起住在大橡樹（Grands Chênes）貧困區，一切從這裡開始。我們實地進行了一場奮鬥，一場關乎生命、意識覺醒的奮鬥，發現每個人的可能性。得要親眼看看我們生活在哪種處境底下，為了防止家具爛掉，我們得在下面放上墊木。喬安東一來到這裡，我就感覺到自己的尊嚴：我們窮歸窮，卻不是笨蛋，我們肚子空，腦袋不空。喬安東是個真正的領導者，他相信他在做的事，和喬安東在一起，我覺得自己有價值，而且受到尊重。讓我震驚的是，像他這樣的志願者來自非常富裕的家庭。他們大可自私自利，告訴自己，人各有命，窮人自己看著辦。但沒有，他們有著鬥士的精神，能夠呼朋引伴，點燃其他人的熱火。」

彼得先生經歷過所有在凡爾賽地區為重新安置大橡樹貧困區所做的一切努力。例如，有一天，蒙坦西爾劇院（Montansier）的演員來到貧困區演出，而且邀請了市府。也是因著彼得先生，另一位「活水成員」德拉（Delattre）女士以及喬安東自願在這批重新安置的行動中殿後，以確保所有居民都能成功搬遷。

彼得先生在巴黎平民大學的參與跟他在這場搬遷安置的行動是分不開的，然而，讓他充滿熱情的這場搬遷行動卻不是由平民大學組織起來的。

其他令人震奮的時刻是當他和大橡樹貧困區的居民去到里爾、漢斯、康城、比利時布魯賽爾、英國……，和其他生活在赤貧中的家庭相遇，在這些地方，其他第四世界運動的持久志願者也在貧困區分享家庭的日常生活，並創造相遇的平台。

分享日常的操煩

同一時期，住在「愛不累」社區的龐斯女士以及雅瑪莉，如同彼得先生一樣，她們的日常生活與社區的行動努力以及參加平民大學密不可分。持久志願者和他們住在同一個社區，這個臨在讓各項行動合而為一。

龐斯女士提到：「好多次我們將自己的諸多苦難向喬思安（Josiane）傾訴，她跟著我們背起重擔，與我們分享困苦。有回我因為動手術休養兩個星期，她就幫我照料孩子。我們可以和她談論宗教，因為她是修女，她的信仰如此深厚，我們與她分享生活中的一切。只要有任何事情不對勁，我們就會去找她，然後和她一塊想辦法，看怎麼做，事情才會比較順利。

在婦女中心，星期二有平民大學的準備小組、星期四有廚藝坊、星期五則是美髮沙龍。即使是在做美髮我們還是可以繼續討論！喬思安的角色是嘗試請社區裡的所有人。一開始，我們只有兩、三個人；後來，人越來越多。去平民大學之前，我們會做一些準備。每次都有明確的主題：學校、兒童保護安置、住宅、健康……。」

對雅瑪莉來說，與持久志願者個別化的相遇至關重要，尤其是和一位原本是執業醫生的志願者相遇，這位志願者是家庭社宅的負責人，她說：「回顧以往我和醫生的關係，能和醫生侃侃而談，這對我來說是全新的經驗。」她和這位志願者，不僅僅是醫生和患者的關係，更是生活處境相同，願意守望相助的鄰居。雅瑪莉舉了個例子，學校校車到社區接送學童的行動計畫，這個例子讓我們看到日常生活的並肩團結。

婦女中心的負責人喬思安知道並不是她帶動「愛不累」社宅的家庭去巴黎平民大學的：「我是跟著他們的腳步，我本來不知道平民大學這些聚會的重要性。我只知道有些人是跟另一個持久志願者去到那裡，但是我沒去。這些家庭回到社區時，一直在聊平民大學談了什麼。我則想著社宅那些還沒去到現場，從來沒表達過自己的家庭。我認為這是唯一和別人一起學習表達和相互聆聽的方式，這是我的目的。

讓我印象深刻的是，帕齊（Paquis）女士、龐斯女士以及其他人向外界談到貧困社區時，她們總是會提到：『而且我們有平民大學。』當她們向別人解釋什麼是平民大學的時候，她們不會說成是參加一場活動，而是當成她們生活中的重要事件，抱著使命感去參加的那種感覺：『我有話要說，我非去不可……』在國際婦女年的時候，我們和一些沒去過平民大學的人經歷了這個過程，她們本來甚至反對這些準備小組的會議。有一天，當我們談論到要共同起草婦女宣言時，我看到一些從未來參加過會議的婦女表達興趣，她們想要閱讀內容，發表意見。我總會保留時間去探望那些沒來婦女中心的家庭，這樣我才能跟社區的每個家庭保持關係，不管她們有沒有來參與。」

喬思安回憶那些一開場就充滿張力的會議，這時候，她是角色就更加重要，因為，在不偏袒任何一邊的情況下，她能夠把日常生活的艱難放到一個更寬廣的背景來審視，也就是平民大學提出來的各種討論議題。

見證「活水成員」的團結關懷

由於同住在史坦（Stains）鎮新磨坊社區，持久志願者施安妮和博亨利也與當地赤貧家庭建立了緊密關係，共同參與了第四世界平民大學成立的初期。有時，你會因為一個人的屹立不搖才能在最困難的時刻堅持下去：「貝克爾（Becker）女士在參與巴黎平民大學的十二個年頭裡，幾乎不曾在平民大學公開發言。但也多虧了她，我們得以堅持住。她每次都會出席，有時甚至只有她一個人和我們一起去。是她告訴我們不要氣餒，她說我們所做的很重要。」

博亨利回憶起自己與貧民區一位極度貧困的男子經歷了兩件重要的大事，這名男子多年來一直生活在貧困中，而且經常遭受年輕人的嘲笑。有天晚上，他們倆正在聊下一次的平民大學，一群年輕小夥子嘲笑著博亨利的同伴。這時候來了個年紀稍微大一點的小夥子，他和持久志願者是同樓層的鄰居，他直接在大家面前要那群年輕人離開：「別再找他麻煩了！他們正在討論一些重要的事情。識相點，滾回去！」博亨利說：「這個年輕人成功地在他的朋友面前採取立場，勇敢地為這個社區最貧窮的一員辯護，表達出他對這個鄰居和我個人的尊敬與看重。」

另一次向這位男士表達敬意與尊嚴則是在巴黎平民大學。那年的主題是工作，每個人都受邀追溯回顧自己作為一名勞工的就業史。這位男士曾經是名職業掘墓人，因他還跟一位老姑媽保持著聯繫，這位姑媽和他一起建立祖先的家譜以及他們從事過的行業，這家譜可追溯至一八三〇年。他有個祖先曾從事亞麻的運送、另一個則放過牛……博亨利清楚記得一九七八年五月那次的平民大學：我們製作了一張海報帶到平民大學，這位先生第一次站上講台，向大家展示他的工作史以及他的先祖們的勇氣。由於不識字，他在台上所表達的一切都靠他驚人的記憶力。他獲得熱烈的掌聲，對他及同住史坦的參與者來說，這都是極大的驕傲。那一天，他贏得了其他人的欽佩。

往低處取活水，不斷走向更貧窮的人

第四世界平民大學首先是人與人的個別接觸。這種個人的接觸主要透過持久志願者在貧困區和當地的居民當鄰居，分享日常生活。但是，第四世界家庭越來越分散，分布在同一省的不同城市和社區。居民不再對某個社區或某個社會住宅有歸屬感，地理的歸屬變成以所住的城市為單位。雖然一直到本書出版前的一九九四年，持久志願者仍繼續生活在貧困地區，但他們已經無法單獨為分散在各處的赤貧者確保穩定和規律的陪伴。已經有好幾年的時間，盟友們開始回應召喚，定期拜訪住在同一區的家庭，他們接受陶成，和社區的家庭一起準備第四世界平民大學。

這些盟友並不是在自己的工作範圍內介入，例如，從事社會工作的盟友，就不會跟他服務的家庭一起準備平民大學，這是沒辦法並存的。參與第四世界平民大學必須是絕對自由，完全不受任何社會監督或控制。

為了讓非常貧困的人確實參與平民大學，有時會遭到多次的拒絕，吃好幾次閉門羹，但，還是要繼續去敲門，重新走上泥濘的道路，不要灰心……在這個過程中，很重要的是不要單打獨鬥，要有隊友一起合作，否則很快就會耗盡力量。持久志願者馬貝娜強調這種頑強的熱情和毅力，必須持續下去，才能觸碰到那些因為經歷赤貧而不敢走出家門的人。馬貝娜認為若是沒有這種熱情和毅力，我們可能會滿足於和兩、三個熟識的人聚一聚，然後就忘了還有其他人，他們完全沒有地方能夠傾訴心聲。我們真的需要明白，如果平民大學只是保留給幾個常客，那就沒意義了。要如何跟住在瓦茲河邊的那個家庭搭上話，並保持聯繫？誰要去拜訪？跟誰一起？誰會定期回訪？即使這戶人家不會馬上來平民大學，即使要花上一年甚至兩年的時間他們才有勇氣跨出第一步。誰要走上這條泥濘的道路，面對左鄰右舍的批評，去邀請那對非常貧窮的夫婦？他們飽受鄰居嘲笑、侮辱以及無止盡的攻擊。誰有受牽連的勇氣，和他們一起對抗社會排斥，無懼於旁人的眼光？

赤貧者的真實參與是一條漫漫長路。不是說發封邀請函就可以達成，信發出去，也要對方能收得到才行……「活水成員」的參與只能透過他們自己才能實現，也就是說他們想方設法，把邀請其他「活水成員」當成為優先。第四世界平民大學的成功掌握在他們手中，瓦茲河谷省的「活水成員」對此心知肚明。他們通過團隊合作、互相支持，一同去拜訪其他家庭。所謂的邀請，並不是對人說：「來參加會議吧，你可以講講你的問題」，而是：「來吧！我們需要你，需要你來幫助我們思考」。如果我們是兩兩一組，一個經歷過赤貧，另一個生活圈的成員表達團結關懷，關係的建立就容易多了。一段信任關係因而存在，也能激發新的行動。例如，有一個先生與他的家人生活條件惡劣而且常常受到排擠，他家附近有一個移工接待所，他把他在那裏認識的新朋友介紹到平民大學準備小組，大家一起準備巴黎平民大學的討論主題「來自各種文化的家庭」……他們一起度過非常重要的時刻。

年度計畫，不斷評估

計畫意味著思考我們將要採取的行動，並且針對如何落實行動達成協議。這樣的框架是在年初制定的，不是畫地自限，而是靈活的，隨時準備通過不斷的評估加以修改。

打從平民大學開始創辦的頭幾年，若瑟神父就不斷增加跟「活水成員」會面的機會，也和住在貧困區的持久志願者密切往來，以確認所採用的方法是否合適。平民大學的參與者表達的意見、批評以及願望引導著他，這些意見、批評和願望是計畫與評估的構成要素，是任何行動都需要的留白，就像中國畫的留白法則。在計畫和評估的時候，每個人都有機會表達自己對已經展開的行動賦予的意義，也可以表達他難以理解的地方。在發表意見時候，赤貧者總有優先權。計畫必須從赤貧者出發，跟他們一起擬定。

早在一九七三年，雅瑪莉就詢問是否可以在每次平民大學結束後做一份摘要報告寄給每個參與者。

同年十月，在諾瓦集貧困區，一位參與巴黎平民大學的婦女提出這樣的疑問：「第四世界運動是什麼？為什麼第四世界運動不說他們在做什麼？努力的結果又是什麼？告訴我們，你們都在做什麼？志願者告訴我們他們為什麼投身於第四世界運動，為我們勾勒出他們的信念，卻不跟我們說第四世界運動都在做些什麼。志願者相信自己所做的，卻沒告訴我們這些作為到底有甚麼用處？」

這些意見鼓勵第四世界運動持久志願者闡述他們在平民大學的框架內，針對討論到的主題所採取的行動，不管是住宅、健康或教育……在往後的幾年裡，第四世界成員要求知情權，想知道正在進行的奮鬥和已經贏得的成果，以及行動過程中遭遇的阻礙。在首次「與第四世界對話」之前，若瑟神父已預感這樣的需求，他希望與第四世界家庭的首次相遇能在國際第四世界運動總部皮爾耶進行。

一九七四年二月，在與凡爾賽貧困區的小組進行的評估會議上，有人抗議受邀嘉賓使用的語言過於艱深：「我們在巴黎地下室，使用的是勞工的語言。但是，那些傢伙來到這裡，咬文嚼字，他們可以講上半個鐘頭，但是，我們什麼都沒聽懂！」

凡爾賽的家庭隨後要求若瑟神父繼續擔任「與第四世界對話」的主持人，以促進發言：「去年，情況好多了。您是主持人，我們還是要有個主持人，不然大家七嘴八舌，各說各話，我們根本什麼也沒聽懂。」有這樣的回應是因為若瑟神父很早就要求其他持久志願者同他一起主持，這樣做，按神父的說法，是為了避免家庭覺得自己被限制、被控制、被利用或被操弄。

一九七四年九月在皮爾耶舉行了一整天的會議，與會者是各個社區和貧困區親自到巴黎參加平民大學的代表，他們一同擬定了一九七四至一九七五年的年度計畫。他們決定了每個月的討論主題，並決定由每一個社區輪流負責籌備並介紹平民大學當月的主題。

一九七五年九月，在一次晚間的年度計畫會議上，有一個男人突然發火、忿忿不平，而且把矛頭指向若瑟神父：「你到底是誰，若瑟神父？你是工人還是中產階級？」若瑟神父沒有直接回應他，而是嘗試理解並讓大家意識到這個男人的憤怒：他和他的家人長年生活在過度擁擠的住宅，而且沒人認真在聽他的呼聲，導致他無法搬遷。那天晚上，正是這個人的怒氣使大家對平民大學及其計劃的意義有了新的認識。

在討論平民大學年度計畫的這個夜晚，龐斯女士提到要如何讓那些反應比較慢的人也能夠有機會在平民大學發言。龐斯女士的這個反饋很重要，確實每次兩個小時的第四世界平民大學，一下子就過去了。因此，後來決定，平民大學的主題將提前公佈，以便在平民大學開始前幾天，在貧困區的大家可以預先進行交流。自一九七七年起，第四世界平民大學開始從不同的角度討論年度主題。有了年度主題，使赤貧者更容易參與，因為它讓同一個議題可以持續思考。（**參看附錄四：年度議題列表**）。

若瑟神父被問到為什麼平民大學在週間星期二晚上舉行，排除週六或週日，他說因為這兩天是保留給家庭生活，並且已經和第四世界家庭達成共識，平民大學是成人的聚會。選擇週二晚上可能是第四世界平民大學發出挑戰的明顯標誌，若瑟神父在我主持平民大學時跟我說過：「第四世界的『活水成員』真的很了不起，即使日常很多操煩、常常疲憊不堪，還是會在週間的晚上出席，單單就這一點，我們真該感謝他們。」

投身第四世界平民大學的盟友也積極參與評估和計畫的過程，例如，正是這些盟友建議，聚會開場可以分享一些歡樂、悲傷以及實際經歷，以便更認識和理解每一位參加平民大學的成員，同時營造更融洽的氛圍。

一九七七年夏天，第四世界平民大學的所有成員都參加了歐洲日的活動。這一天不僅是過去一年的回顧，也促使各地的平民大學的成員得以認識彼此，並且對來年做出規劃。這次歐洲層級的大會共聚集了兩、三百個參與者。

自一九八七年開始，除了集體評估外，也要求每位參與者撰寫一份個人的年度書面評估，這些評估的時刻是平民大學逐年發展及衡量其用處的寶貴指南。

一九九〇年至今，每個人都能取得年度計劃的書面資料，那是大家達成共識的基礎。這不僅是一個提綱契領的年度規劃，標示著明確日期及相關主題，引導大家進入新的年度，同時，也預留完全的自由，按照參與者的步調做調整，來探討該年度的議題。

準備小組

盡量在地方進行準備工作，使平民大學盡可能貼近生活，這是平民大學期待的對話能否成功的關鍵要素。為此，第四世界平民大學維持每週一次的節奏，每周二的聚會成為大家日常生活的一部份。

第一週按著建議的主題，大家透過在一個家庭、或在樓梯間、或者鄰里之間進行聯繫討論。這意味著持久志願者、盟友、第四世界「活水成員」空出自己的時間來與赤貧者見面，以促進他們的參與。

第二週，這些各地的準備小組所討論的內容被集結起來，以便探索其中的連結與意義，並為平民大學的大會預先找出可能有的共識。

第三週，舉行巴黎平民大學。

有的人是透過個別邀請直接來到平民大學，不過，如果這樣的個人關係與平民大學一百多人的大團體之間沒有一個中介的小團體做為橋樑，這個人可能很難持續參加。這時各地的小組就起了重要作用，每個在地的準備小組形成一個小團體，人數較少，也更貼近真實的生活，當然，討論年度計畫已公告的議題依然是核心，但是，因為各地的小組貼近成員的日常生活，而且住在同一個社區，使大家能在赤貧者面臨困難的時候更有效地支持彼此。

盟友費阿朗（Alain Havet）於一九八五年開始參與平民大學，一九八八年起，負責伊夫林（Yvelines）省第四世界平民大學，他說：「好幾年來，都是同一批人來平民大學……於是我們決定不要空等新的參與者走進會議廳，該走出去的是我們。透過特拉普市（Trappes）[35]的街頭圖書館，我們結識了一些兒童和他們的家庭，所以我們在特拉普市開始成立新的小組。即便如此，我們還是有別的進步空間。我們詢問了一些『活水成員』，是否願意讓我

35. 譯註：特拉普市（Trappes），法國法蘭西島大區伊夫林省的一個市鎮，隸屬於凡爾賽區，距巴黎市中心二十八公里。

們去他們家裡，準備平民大學的討論議題。接待我們到他們家裡去的，通常是還不敢出席人數太多的小組的人，或是家裡有幼兒，沒辦法將孩子單獨留在家裡的父母，或是由於各種原因無法出門的人。在這些家庭聚會，除了主持人，還會有兩三位熟悉平民大學的伙伴一同前來。最後，並非每個參加準備小組的人都會去到平民大學，但至少他們參與了思考。第一個星期二非常重要，因為這正是建立關係的時刻，這種關係可延續到平民大學以外的地方，而且，在這樣的迷你小組時間，那些不敢發言的人可以不疾不徐，用自己的節奏前進。為了保持一種充滿活力的相遇精神，也為了保護接待家庭的隱私，我們刻意讓每次參與家庭聚會的人盡量不要是同一批人。」

參與者經常表示，準備小組這個階段是不可或缺的，例如，在年度評估

時，一位婦女說道：「我去巴黎參加過三、四次平民大學，我都會錄音，然後在一大早反覆思考，早上五點的時候，我已經在思考這些事了，晚上繼續想。我沒在平民大學發言，擔心自己講話結巴。但是，在特拉普市的小組，我比較放鬆，沒有這個障礙。」

赤貧者對於投身在平民大學的盟友或持久志願者的信任，絕大部份源自於他們在平民大學之外投入的時間，不僅是組織慶祝活動、一起過聖誕節、聽音樂會或外出郊遊，也一起對抗不公不義、惡劣屋況或無屋可住、沒工可做，以及年輕人感覺到的前途渺茫。本業是農學工程師的費阿朗說：「第四世界的家庭心知肚明，我們出身不同，生活條件不同，我們的專業和他們能夠找到的工作天差地別，但是，他們也看到我們一直和他們站在一起，不離不棄。」

第四世界平民大學的準備工作並不侷限於赤貧者，所有想要向第四世界學習，接受陶成的人，都受邀接受教導，參與對話。

從一九七二年開始，持久志願者就非常規律地凝聚大家，並針對擬定的議題準備這些會議。多年來，不管志願者在第四世界運動負責哪方面的事務，平民大學一直是陶成所有持久志願者的地方。由於巴黎地下室離國際第四世界運動總部不遠，任何渴望參加的志願者都可以就近參與，條件是事前預作準備，不管是以個人或小組的形式。

一九九三年六月，在做年度評估時，一位當時在國際第四世界運動總部秘書處任職的年輕志願者這樣寫道：「這是我在平民大學的第二年。以前，我在留尼汪島的時候，也參加過一年的平民大學，但是當時我沒有歸屬於任何準備小組。今年，我學到一件事，那就是如果不做事前準備，不管是在巴黎或其他地方的平民大學，就不會有任何意義。當我真正開始參與進來時，一切才有了真實的意義，首先是在志願者的準備小組發言，接著去到巴黎地下室，我告訴自己，要走向其他人、去結識我還不認識的人。

我漸漸發現，早在抵達地下室之前，平民大學就已經開始了，而且彼此揮別後也還沒有結束；這就是這所大學的價值所在。我曾經和赤貧家庭一同參加專門為他們規劃的度假活動，當時我很難理解這些家庭的親子互動，他們的一些行為舉止讓我覺得互相矛盾，我看不出父母對子女的愛，反之亦然。但是，在平民大學的所見所聞，幫我了解參與度假活動時遇到的那些家庭，在地下室的這些家庭表達出來的這些愛的言語，教會我改變看待他們及其他人的目光。現在我知道，我應該一直保有這樣的目光。」

持久志願者的這個準備小組的幸運之處是它的國際化。正因為如此，一九八八年一月，當我們研究投票權時，來自美國的志願者德素宜（Suzie Devins）為我們闡述了美國黑人贏得投票權的歷史；同樣的，第四世界平民大學在探究「融入社會的最低收入法」時，多虧在場來自歐洲不同國家的志願者，我們得以針對在歐洲好幾個國家已經實行的最低收入制度進行比較，像是比利時、盧森堡、英國、德國等。

即使從一九七二年起，第四世界家庭與持久志願者對平民大學在各地的準備小組的工作已經耳熟能詳，但是，對那些沒有參與赤貧家庭日常生活的人來說，則要花更長的時間才能了解。很多次，有人提問，例如一九八一年五月一份摘要報告中提到：「要如何在這個反思的過程中發揮更積極的作用？第一個建議是盟友也要跟『活水成員』一樣，在去到巴黎地下室之前預作準備。有些人立馬決定在新年開始的時候就這麼做，具體方式待定。」

事實上，具體方式直到一九八七年才得以實現，這得感謝一位多年來一直參與平民大學的盟友白丹妮女士（Denise Bertin）。她創立了「盟友與社會」準備小組：凡是在平民大學的框架內，沒有和「活水成員」連結或沒有直接投身貧困區的人、或者任何在探索新路徑以面對赤貧問題的人，都被邀請到這個小組，一同準備討論議題。

接下來許多年，默歐維（Olivier Morzelle）與默費妮負責這個小組。他們對此進行了評估：「新的參與者有時會提出一些與平民大學要討論的議題完全無關的問題，比如，平民大學或第四世界運動如何運作？如何組織？這類問題被提出來，大家有機會思考、探討，當然很重要，儘管有時主持起來會很沉悶。對我們這些在社區就認識第四世界家庭的盟友來說，平民大學一直是一個有利於真誠相遇的場合，因為在這裡，我們可以從另一個角度來理解他們。但是，對第一次來參加平民大學的人來說，如果他們不信任第四世界運動的話，在這種情況下，反而可能產生負面的影響，這些人會認為我們對他們有所隱瞞。他們之所以有這樣的猜測，也許是，他們深深感受到，我們在面對這些家庭的時候，總是正面的，也就是說我們相信這些家庭，超越大家看到的表相。也就是說，相信他們在平民大學所說和所經歷的一切也能在其他地方實現。意即，在極端貧困的處境下，例如我們為人權委員會的報告所研究的種種貧困情況，我們首先研究的是某項人權是如何受到侵犯，即使我們第一眼看到的是這些家庭沒能遵守社會規範，像是沒有支付水費、非法佔據空屋等。」

若瑟神父在創立第四世界平民大學時就意識到可能遭遇的一個風險：以局外人的身分參與。默歐維與默費妮則將之突顯出來：向所有渴望參與平民大學的人敞開大門，但他們和其他所有參與者一樣，都要事先準備擬定好的議題，保證沒有任何人長期只以旁觀者的身分進到平民大學。例如，有一年討論的議題是「法律」，「盟友與社會」小組被要求在平民大學為大家介紹研究的法條，像是關於住宅的《貝松法》（*la loi Besson*）[36]、「融入社會的最低收入法」，默費妮說：「我們也介紹了法國憲法。派給我們的工作得下很多功夫，無法不認真承擔。這項任務使我們能夠像其他準備小組一樣，積極地參與平民大學。」

花時間和方法將討論的議題內化，也使這些盟友能夠與受邀的外來嘉賓進行對話。例如，有一次平民大學討論《第四世界上大學》，邀請到勞工學院的創始學者大衛先生（Marcel David），默歐維在辯論中發言：「我留意到大衛先生的提問：『第四世界對大學有什麼期望？』我認為，我們也可以反過來這麼問：『大學做了什麼來表達自己對第四世界的興趣？』因為即便在大學還沒有出現勞動階層的時代，大學長久以來都會在課堂上討論工人的歷史與奮鬥。然而，據我所知，在大學的課堂裡仍然很少有人會談到第四世界的歷史。」

36. 譯註：《貝松法》（*la loi Besson*）是一九九〇年五月三十一日頒布的一部法國法律，旨在確保人民的居住權，透過創制各省的行動計劃來保障弱勢群體的居住權，並且也透過減稅激勵各省的相關計劃。貝松（Besson）是時任法國住宅部部長Louis Besson的姓氏。該法第一條明訂：「確保人民的居住權是國家表達團結關懷的一種義務，任何人只要遇到特別的困難，尤其因為資源不夠或是生存的條件不佳，都有權利獲得集體的協助，取得體面與獨立的住宅⋯⋯。」

第九章

平民大學主持人的日誌與編年史

第四世界平民大學的主持人肩負一項重任，不僅要保證預設的目標得以順利達成，同時必須注重細節和整體性，好讓第四世界平民大學始終保持創造性的活力。

主持巴黎平民大學的這七年，我做了很多記錄。地下室的大會前，綜合各準備小組的討論內容並且寫下提問要點；結束後，花時間內化，記錄這兩個小時所經歷、所聽到的一切。每個月，我都會把這些與平民大學有關的活動及想法，按時間排序記錄下來。在此，從其中挑了「一九八九年十一月～一九九零年六月」的日誌，摘錄如下：

＊一九八九年十一月七日：「我們是第四世界的積極見證人」，一〇四人：「活水成員」四十九人，志願者二十五人、盟友二十八人、受邀來賓二人。

各地的準備小組都竭力在編寫《第四世界運動陳情書》，他們收錄了幾則見證並且附註說明選擇這些見證的原因。同時，每個準備小組都會把這些陳情書發給大家。這樣的雙重步驟很重要：我們不是為自己寫見證，而是為了讓世界各地的人都能認識赤貧者的生活處境，從而造成改變。這些見證的出版也成了這些家庭的驕傲，因為有了陳情書，他們可以跟社工、法官、市長、同事進行溝通……

今天的巴黎平民大學來了許多新面孔，大家很自然地邀請他們發言。第一次來參加的白女士說道：「陳情書上的那些見證，我們也親身經歷過，事情不應該這樣。」她的發言引起大家的關注，她和她的孩子們被房東趕出去，現在住在廉價的出租旅館，她激動地重申：「必須譴責這種行徑，因為這是在屠殺家庭，嚴重影響到孩子。」大會尾聲，由她為大家做結論時，她也將今天的議題和禁止穆斯林兒童戴頭巾上學[37]的傳言做連結。

今天的大事之一，也是我們與里昂的平民大學的電話交流，在此之前，我們和里昂的主持人拓瑪朵（Marie-Dominique Trollé）一起做了很多準備。這是平民大學的重要轉折，另一段美好序幕的展開。

我們前後進行了兩次電話交流：第一次，分享彼此的消息；第二次，為平民大學做出結論。交流的氣氛及專注的傾聽令人印象深刻。在會後的幾場評估會議上，我驚訝地發現大家竟然清楚記得里昂那邊的人說過的話，在地下室，他們經常連坐在旁邊的與會者說過什麼都記不得呢。

這次在地下室，我們宣布與法

左為作者，右為杜費盟先生。

37. 譯註：二〇〇四年三月，法國通過法律禁止在公立學校內佩戴帶有宗教色彩的飾物，包括穆斯林頭巾，隨後不斷發生學生或教師因戴這類頭巾上學而遭拒絕進入校園，一度引起法國內部的猛烈批評和抗議。該法律的規定還擴展到所有官方機構，包括醫院和政府辦公大樓。

蘭西總統已預定的會面，屆時將把《第四世界陳情書》交給他。

今晚，有兩名文化部的來賓，應一名志願者的邀請出席，這對我們來說，總是一個贏得新朋友的良機。來賓受到熱烈的掌聲，因為她們清楚表示自己主要是想來聽聽大家說什麼。

＊一九八九年十一月二十八日：「團結起來為使人權受到尊重」，共九十六人參與：「活水成員」四十三人，志願者二十人、盟友三十三人。

今天我們討論《第四世界陳情書》㊳的第三部份，這部份的見證與「團結起來為使人權受到尊重」這個議題相關。在準備小組裡，這方面的見證不多，有的話，也都是那些大家耳熟能詳，行之有年的見證。為了讓大家更容易地分享實際的例子，在準備平民大學時，我將大家分組，每十二人一組，共八組。分組最大的好處，是能讓那些從來不說話的人可以出聲，也能讓盟友可以說說自己的看法，而不只是向家庭提出問題。

我也重新發現，赤貧家庭，因為帶領過一些行動，儘管已經事隔多年，還是能夠驕傲地重提這些往事。這跟志願者費洛德（Claude Ferrand）在另一個情境下所說過的話有著異曲同工之妙：「要曉得，第四世界的年輕人能夠與其他生活圈的年輕人分享的，就只有自己與第四世界運動一起做過的事情。年輕人們在那一點上有了一個相遇的平台，彼此平等，能夠互相了解。」這就是為什麼這件事這麼重要，也就是說，家庭不但要參與行動，還要理解行動的意義。在這些小組裡，我們聽到了一些對抗房東不法驅逐房客、抵抗兒童被強制寄養的見證，但仍然沒有「學前教育」或「街頭圖書館」這類的見證。

38. 譯註：一九八九年九月出版的《第四世界陳情書》以巴黎自由人權廣場的赤貧犧牲者紀念碑的碑文為框架，共分為三個部分，一、千千萬萬像我們這樣的家庭：迪寶家的歷史；二、哪裡有人被迫生活在赤貧中，那裡的人權就被忽視、剝奪；三、團結起來為使人權受到尊重，是我們的神聖義務。

今晚我們和雷恩市（Rennes）[39]的平民大學電話交流，就像上次和里昂那邊通話一樣，整個過程相當溫馨。我和當時雷恩平民大學的主持人安柏絲（Pascale Anglade）一同準備了這場電話交流。當晚我們的新發現是，這樣做強化了第四世界平民大學之間的聯繫，不再各自為政，在自己的角落帶領平民大學。今晚在巴黎，第一次加入的史先生，直接在電話裡為大家做總結。這樣的電話溝通，迫使我們必須在表達上面多下功夫，不能閒聊，得直接切入主題並且好好的表達。雖然後來會有電腦輔助，但仍可以保持電話聯繫，重現笑聲、掌聲和靜默的時刻……。

這兩場巴黎平民大學進行期間，也許是因為對《第四世界陳情書》下功夫的緣故，我變得非常關注某些家庭的遭遇，他們的處境令人難以置信。既然是見證人，就要當個積極的見證人。有個女人對我說：「你不知道，我那兩個孩子，他們很壞。」聽到這些，我很難接受。我見過她的孩子，女兒十三歲、兒子十歲，這五年來，兩個孩子和她一起生活在一個廉價出租旅館裡，房間又髒又小，旅館還禁止他們開伙。但是，時間久了，大家竟也習慣了：任憑這個女士和她的兩個孩子住在旅館這麼多年。然後她跟別人說她的孩子變很壞；事情演變成這樣，實在太可怕了，很不公平。

同樣地，在大會接近尾聲時，有一位盟友來問我，有沒有聽說，有老鼠攻擊一個居住在旅行掛車的家庭，因為掛車停放的地方，周圍的田地開始翻耕。當下，我感覺到一種真正的危險，我們對第四世界運動的本質是不是有著錯誤認知。我們是一個積極投身的運動，而不是一個滿足於陳述赤貧的運動。幸好，當時「地下室」已經沒人，因為我忍不住大叫。首先，我們是公民，我們拒絕讓其他公民生活在那種條件下，沒有甚麼好說的。我們應該要利

39. 譯註：雷恩（Rennes），法國西北部的城市，位於布列塔尼大區伊勒－維萊訥省，是該區首府和該省的省會。

用自己的公民身份，去市政府，一直杵在那裡，直到這個家庭找到一個合宜的住所。

在L－B和C兩地的情況，都陷入僵局。這些行動如果沒有盟友投入，無法進行，也不是說光靠一個專門處理這類問題的盟友結盟就可以成功，因為盟友即便是專家，也無法單打獨鬥，他會發現自己不斷踢到鐵板，我們需要一群住在當地的公民盟友，他們心裡只有一個信念：拒絕同城市民經歷的赤貧，那是活生生的處境。公民素質這個議題真的非常重要。在這一整個月裡，我一直在想，如果我們這些志願者或盟友去到某些家庭，在那骯髒惡劣的環境與他們的孩子生活上一晚或一周，那麼我們的效率或許會更高。

＊一九八九年十二月十九日，主題：「為你們獻上我們的歌聲」，一百一十五人：「活水成員」四十八人，志願者二十六人、盟友三十六人、受邀來賓五人。

有人提議，在每個準備小組預備和學習一首聖誕歌曲。這個想法很受歡迎，而且在一些會唱歌、會教人唱歌的朋友以及音樂家的幫助下，大家都很用心練唱，也很開心。成果相當好。我和努巴斯（Patrice Nouvel），一位同我一起工作的實習志願者，我們一起用彩帶和聖誕燈飾佈置了平民大學的場地。每次的場地布置都會依據主題做變化，很幫助營造氣氛。在入口簽名處，每個人也都受邀製作一張賀卡。在歌唱進行時，我們花了一些時間在這些卡片上寫下自己對別人的祝福。

次日，我將這些卡片全部寄到世界各地有第四世界運動聯繫人的地方。

另外，今天也邀請了兩位女演員到平民大學來演出西蒙娜．薇依（Simone Weil）的事蹟，她們也傾出才華為大家朗頌了法國歌手雷歐．費亥（Léo Ferré）的作品。幾個第四世界「平底船俱樂部」的年輕人送給我們他們自己製作的蠟燭。

我們與雷恩市的平民大學進行電話交流，大家依然對通話保持強烈的興趣。大家一起唱了諾瓦集成員教我們的歌曲。唯一令人失望的是，巴黎的小組沒有唱歌，反倒準備一齣模仿秀，而且有一半的演員不在現場。

當我提議在平民大學學唱歌時，用意是希望將氣氛蔓延到社區，希望家庭能在聖誕夜歌唱。不曉得後來是不是實現了……在這場平民大學，我們還接待了一位來自馬達加斯加的神父，他是由一位志願者邀請來的；以及四位來自漢斯市的來賓。

我隨時都在關注在L－B和C和其他地方發生的事……，現在剩下來的唯一希望是第四世界運動買下一輛新的旅行掛車……在L－B，我們在該市找不到必要的支持……在T，省行政中心承諾要在四十八小時內為這個家庭找到新的住所。四十八小時過去了，這個家庭仍然在泥濘中與老鼠為伍……

＊一九九〇年一月十六日，主題是「自由」，有一百二十人參與：「活水成員」五十七人，志願者二十五人、盟友三十六人、受邀來賓二人。

我們開始從自由的角度，來討論柏林圍牆倒塌這樁震撼世界的大事。經驗告訴我們，必須找出這件事與赤貧家庭生活之間的關聯。事實上，他們對自由的渴望與這件事有著異曲同工之妙。大家對這個主題都很感興趣，無論每個人生活在什麼樣的景況中。各地準備小組的討論突顯出貧窮者生命中的幾個重要面向，而這些面向在每個準備小組重複被提到。我們還在思考的初期階段，但有一件事很清楚，那就是當一個人陷入赤貧時，自由是一場戰鬥、一個渴望，而且這項權利別人都有，只有赤貧者沒有。這些家庭讓我們有機會再次思考擁有自由的條件，不只是物質條件，例如有錢、有個安身立命之處……還需要受教育、求知識、建立自信。各地的準備小組強調，赤貧者首先將自由與過家庭生活的權利做出連結。

將提問擴展到對世界的了解是非常重要的，這樣一來，我們才不會把家庭封閉在他們自己的生活經驗裡。以這樣的視野為出發點，我們邀請大家思考那些在世界上為自由而戰的人。除了甘地、馬丁·路德·金等歷史名人之外，有些家庭還提到一些與毒品對抗的人。在所有的準備工作中，我堅持必須學習以自由的方式向家庭提問，因為我們總是試圖讓別人說出我們自己想聽的話、或是我們自認為他們想說的話，以至於剝奪了他們的個人思考。例如，有一個地方小組，主持人將思考方向引導到監護權和免費醫療措施，然而家庭原先更在乎的是其他方面的討論，例如，不知道如何為自己辯護、或是恐懼，他們覺得這些更重要。

每個準備小組都製作了一張精美的海報，好在平民大學時用來表達他們討論的結果。我們和波爾多的平民大學做了電話交流，他們也在談論這個主題。我們安排了這次交流，以促進主持工作。我們選擇問自己一些問題，這個方式很有趣，因為這讓我們很具體地建立了共識，並且回答了大會結束時提出來的問題。一位波爾多的女士聯想到在法國被收養的羅馬尼亞兒童，她用這個例子，說明這些重要的決定，常常沒有考慮到這些兒童必須承擔甚麼樣的後果。大家都贊同她說的。

我們看了一部若瑟·赫忍斯基神父的影片，他談到要降低國界的管制，因為它讓赤貧繼續蔓延。

這場平民大學發生了兩個南轅北轍的情況，令人印象深刻。一方面，有一位女士過度激動，我不得不一直想辦法蓋過她的聲音。那是一位身障女士，實在必須請她去參加為身障者權益奮鬥的團體，因為在這裡，她的身體障礙已經成為鎮壓別人的工具，她會說：「你們沒殘障，所以，通通給我閉嘴！」另一方面，一位第一次來到我們中間的先生，專注、從容、寧靜、不疾不徐，非常動人。雖然這個先生在準備小組時表現得很煩躁，但是今晚，他坐在第二排，密切關注著正在發生的一切，整整兩個小時，全然參與。

今晚發生的事超乎我們想像，實在很奇妙。

我看到L－B社區的人陸續抵達。眼前這個女士，面帶微笑、打扮俏麗，我幾乎認不出來，她跟我十二月二十四日在她家裡看到的那個臥床不起的女人是同一個嗎？在平民大學，我們拍了一張她的照片，加上另一張在他們的陋室拍的照片，被刊登在當地的報紙上，僅透過她一個人，就指出平民大學對赤貧者來說是充分表彰尊嚴的地方。

平民大學結束前，我再次提醒大家隔天十七號在巴黎自由人權廣場，圍繞著赤貧犧牲者紀念碑，有一場紀念活動。這是我第一次沒辦法到現場，因為今天這場平民大學讓我身心俱疲。通常，我只需要半天即可「恢復」，但這回我需要一整天的時間。

＊一九九〇年二月六日：「言論的自由」，一百零六人：「活水成員」五十人，志願者二十三人、盟友三十一人、受邀來賓二人。

延伸上一場平民大學的主題，我們從言論自由的角度討論自由。準備的過程中，有兩個重要觀察：第一，我們可以發言，但是，如果不確定能被理解，這樣的發言就沒甚麼用處；而且，發言後可能更糟。由此產生的第二個結論，在自己家裡和在第四世界運動，大家確信能被理解並且可以自由表達。

這令我們深受鼓舞，但不能因此沾沾自喜。赤貧家庭在第四世界運動獲得的友誼和安全感，應該向外部延伸，否則談不上解放。杜費盟先生總結得很好，他說：「在其他地方，我們不能自在表達，只能替自己辯護。」的確，家庭給我們舉例：不管是被學校通知或是被社服機構傳喚……，他們開口講話都只是為了回答對方的質疑，雙方處於對立，因為他們面對的，都是已經對他們抱有成見的人；除此之外，他們很少有機會真正表達自己。這個議題和公民身份、協會或社團生活密切相關。討論這個議題的時候，我們談到建立關係的各種困難，跟那些生活背景與我們不同的人、跟那些受過高等教育的人不容易對話，或像現場有位女士所說的，跟那些「彬彬有禮」但對我們有某種決定權的人，不僅建立關係很難，連要開啟對話也很困難。

這就是為什麼，我跟「盟友與社會」小組為平民大學一起準備了一個論壇劇場（Forum Theatre）[40]，為大家在現場營造赤貧以外的生活情境。

我今年才結識這群剛加入平民大學的盟友，這個小組大約有十五個人，來自各行各業。根據我預設的腳本，對話內容由他們自由發揮。進行到某一個程度時，幾乎分不清這是在演戲，或者這就是真實人生。論壇劇場的好處是，可以創造一個情境讓人有機會練習，緩和了問題的嚴重性，讓大家暫時從現實生活中抽離出來。

40. 論壇劇場（Forum Theatre）於一九七〇年代由巴西劇場大師波瓦（Augusto Boal）所創發，他在拉丁美洲，從巴西、智利，一直到祕魯，在和非常貧困的族群相處的經驗中，發展出「論壇劇場」的實踐方法，尤其專注在弱勢族群（被壓迫者）如何透過劇場發聲，這是一種強調互動的劇場模式；觀眾看完整齣劇之後，可以上台取代主角，改變劇情，共同思考各種解決問題的方法及策略。以論壇劇場的模式為基礎，波瓦於流亡期間在巴黎和歐洲發展了「被壓迫者劇場」（Theatre of the Oppressed）。

在這場平民大學，一位來自L－B社區的女士異常激動。當赤貧嚴重影響到一個人的心理狀況時，真的令人非常悲傷和憤慨。幸好，當時我先生費洛德（Claude Ferrand）坐在她旁邊，他們認識彼此，這讓她冷靜了下來。後來我得知，這位女士才三十四歲。

這次的論壇劇場很受歡迎，一位女士除外，她誤以為我們會談到兒童的寄養問題，這讓她無法忍受。她的五個孩子被寄養至今，已經過了二十多年，這是一個永遠無法癒合的傷口。在她的準備小組，當大家直接或間接談到這個話題時，她常常會整個精神崩潰。今晚，她在情緒失控前就先行離開，由她的先生陪著。

通常，在論壇劇場，最活躍的是第四世界的「活水成員」，但今晚，盟友也活躍了起來，因為舞台上演出的是他們熟悉的角色，是他們熟悉的圈子，他們知道自己的生活圈是怎麼運作的。劇名是《如果有人問我就好了，我也有話要說……》，劇情是這樣的，有一個富裕的家庭，正在討論自由這個議題，他們談到東歐發生的事件。這個家庭僱用了一個女傭……在參與論壇劇場的過程中，「活水成員」的回應並不是無中生有，也不會長篇大論，他們總是從自己的經驗講起。有一個動人的時刻，一個婦女進入舞台，向著那些正在高談闊論的人說：「只要赤貧繼續存在，就談不上自由。」在舞台上表演理想劇情的一位盟友問這個女士為什麼這麼說，但她一時詞窮，就是答不出來，只是不斷重複：「自由就是貧窮」。這根本就違反了她的本意，但她一時轉不過來。在平民大學，我們明白她的意思，但在其他地方，沒有人能聽得懂。絕對要想辦法讓「活水成員」能夠清楚、有邏輯地表達自己，如果我們太容易感到滿意，我們就是自欺欺人，只會讓第四世界的家庭繼續被誤解。

大會結束前，我提出接受新聞報導的想法，目的是與記者對話。這個想法受到熱烈歡迎。

季先生和季太太同時住院了，而且被送往兩家不同的醫院。季先生患椎間盤突出，季太太則需要做脾臟手術。我聽說他們二月底會申請到一間三房兩廳的臨時住宅。搬進去之前，他們還是生活在泥濘不堪的地方。

＊一九九〇年三月六日：「通訊傳播的自由」，共一百二十四人：「活水成員」五十五人，志願者二十六人、盟友四十人、來賓三人。

在我們的民主體制裡，人民有自由交流和表達的管道，這尤其是紙媒及視聽媒體的功能。事實上，這可以是一整個年度的主題，因為這和人們的日常生活息息相關。電視是他們生活的一部份，報紙也是，例如《巴黎人日報》（*Le Parisien*）。我們還沒有深入探究完這個議題，在預備這場平民大學時，不得不自問：要透過甚麼管道傳播第四世界家庭在平民大學表達的想法與思考？我們自己該如何運用媒體這種傳播工具？

這次討論以電視媒體為主，電視如何談論貧窮？我和一位很了解第四世界的記者高卡蘿（Caroline Glorion）一起為這場平民大學做了很多準備。她邀請到法國電視二台的一位記者德多明（Dominique Derda），他是外交政策部門的一位資深記者，曾做過布達佩斯[41]火車站無家可歸者的專題報導。

為了跟這位記者進行對話，我們提出讓各個準備小組去做一個報導，去採訪那些沒有來過平民大學的人關於自由這個議題。這是我們第一次提議大家練習做報導，而且要交作業，

41. 譯註：布達佩斯是中歐國家匈牙利的首都。

剪輯影片也好、寫新聞稿也好、做幻燈片也好……在平民大學的大會開始之前，收到的反饋都說這真是一項大工程，但令人振奮。報導的目的是和還沒來過平民大學的人相遇，並徵詢他們的意見。為此，我們培養自己一些新的技能和方法。成果是，所有的小組都會見了一些他們從來不曾接觸過的赤貧者，如果沒有這個提議，他們可能不會走向他們。但在技術層面，效果真的不好，我們沒有受過訓練，我們在人際關係方面可能很在行，但在視聽技術上，實在不行……。

記者德多明向我們介紹了他所做的報導，在內容和形式上都做得相當好。論辯的重點聚焦在：法國也有貧窮人啊。德多明沒辦法做出這樣的聯結，但是這些家庭做到

左為本書作者，中為德多明，右為高卡蘿。

了。他們提醒我們不能以局外人的方式來談論赤貧。

這場平民大學令人印象深刻的是一位先生，他以前曾是積極的共產黨黨員，他一再重申，即使是以間接的方式，也不應該隨意評論共產主義。

我們與康城的第四世界平民大學進行了交流，電話那頭的兩個人都是諾曼第大區的當地人……這次的電話交流，傳達了兩個大家期待已久的消息：季家被重新安置到T城，史莉瑪太太（Slimani）與她二十七歲的兒子重聚，為此，史莉瑪太太還上美容院做頭髮。

＊一九九〇年三月二十七日：「新聞自由」，共一百一十三人：「活水成員」五十八人，志願者二十人、盟友三十一人、受邀來賓四人。

這一回，主軸圍繞在紙媒上，我們要求各個準備小組從大家閱讀的報章雜誌去探索紙媒的多樣性，這是民主的一個明顯標記。我們並不想研究報紙如何談論貧窮，重點在整體性地去了解一份報紙。大家得到的結論是，報紙上所寫的是對政治的嫌惡。「《巴黎人日報》做的是新聞摘要，我們可以理解。其他報紙，只談政治……。」有一位參與者，手裡第一次拿到《世界報》，他大聲驚嘆：「啊，真是他媽的！」另一方面，倒是有蠻多人喜歡第四世界月刊《路線圖》（*Feuille de Route*）㊷，不過有些人希望能多增加幾頁內容。

我們原本邀請到《基督徒見證周刊》（*Témoignage Chrétien*）的主編來為我們講解他如何挑選主題和文章，可惜他因為生病無法出席，他希望我們下次再邀請他來分享。後來是記者高卡蘿給大家帶來一些必要的相關資料，讓大家了解一份報紙背後，是誰在編輯、由誰做決

42.《路線圖》（*Feuille de Route*）：第四世界運動在法國發行的月刊，一九九六年發行量十二萬份。二〇一六年改名為第四世界月刊（*Le journal d'ATD Quart Monde*），可以下載免費的電子版。

定。

我注意到瓦茲河谷省平民大學準備小組所做的工作：主持人提議大家兩人一組，重做他們選擇的日報的頭版，沿用原本的新聞標題，可能的話，再增加新的標題。毫無疑問地，每一次的準備，準備小組的負責人都必須創造一些有助於思考的教案。這需要想像力，為此，我們可以互相幫助。

在巴黎平民大學，來自克雷特（Créteil）[43]的卜派斯（Pascal Brunel）多次提出：「新聞自由就是告訴大家，百姓是怎麼過活的。」他引發了辯論：「報紙有氣象版、運動版……等，為什麼沒有赤貧版？」當下，大家激盪出好多能使新聞報紙變得更有趣的想法：「他們或許應該多舉些例子，告訴我們如何對抗赤貧，如何要回我們的孩子？」或是「其他人，例如，有錢人可以怎麼對抗赤貧？」還有「提供想法給贊助者，與其贊助一些比賽，也許他們更應該為一些貧困社區的去汙名化或創建學校提供資金……。」

應一位志願者的邀請，這場平民大學有兩名「融入的最低收入評估委員會」的委員出席。

L－B社區的一位女士提醒我不應該用縮寫簡稱，有些最貧窮的人並不總是能完全理解整個句子，但他們可以抓住一些單字。像「廣告」這個字，我用了「pub」[44]這個簡稱，而非全名「publicité」，結果她聽成發音相近的「妓女」（pute）……我也會這樣啊！

今天跟漢斯市的平民大學進行了電話交流，他們那邊停擺幾個月後又重新開始了。在巴黎，我們期待即興的交流方式可以奏效。大家來到電話旁邊，說出當天的心得。今天主要是鼓舞漢斯的平民大學再接再厲。接著羅素先生跟對方分享平民大學對他的意義、然後白丹妮

43. 譯註：克雷特（Créteil）位於巴黎市區東南部，塞納河右岸，是大巴黎都會區的一部分。
44. 譯註：pub，法語「publicité（廣告）」一字的縮寫。

女士談到在平民大學，盟友參與的重要性。

今年在平民大學，我注意到在場有幾位年輕男性，他們的表達內容比女性更尖銳。他們提出質疑，會因為自己的焦慮不安而挑釁攻擊。女性的表達方式比較是提出解釋。

＊一九九〇年四月二十四日：「學習，為了獲得自由」，共一百零二人：「活水成員」四十人，志願者二十五人、盟友三十四人、受邀來賓三人。

一談到自由這個主題，赤貧家庭就會提到教育。我重新意識到，在分享知識這個領域，我們仍有很大的進步空間。關於這部份，我們談了很多，但是，我們很難真正跟那些沒受過基礎教育的人分享自己透過學校、專業、生活圈、第四世界運動……等途徑學到的知識。我認為杜孟德先生（Monsieur Dumontier）在一次準備小組提出了關鍵問題：「你們飽讀詩書，滿肚子學問，你們要怎麼跟我們分享？」他的原話是這樣的（他對主持人說）：「我們是第四世界運動的一員，但是，我們有四分之三的時間，陷在狗屎般的麻煩裡，這很嚴重。我們要求的不是天上的月亮。的確，我們順利住進『愛不累』社宅了，但這不是重點。重點是，我們之所以無法脫貧，是因為很多事我們都搞不懂。你們，你們每天用電腦工作，你們懂。所以，這才是我們需要幫助的地方。」

成人與成人分享知識，要極力避免一種不對等的關係，就是把一方當成問題，另一方擁有解藥。

整場平民大學，尹先生用他自己的話表達了同樣的經歷：「我不是笨蛋，但到頭來我還是被當成笨蛋。」應該老實承認，在我們社會裡，那些沒有受教育的人很容易變成被人頤指氣使的奴僕。有一件事相當沉重，就是在平民大學，重複聽到很多人表示，做粗工，意味著所有人都認為你是傻瓜裡最笨的。真是令人難受，因為我們知道零工、粗工沒有一技之長的人唯一能找到的工作。面對這樣的處境，沒有任何一個男人能自豪的說自己畢竟有賺錢回家，養家糊口。

在準備這次的平民大學以及在大會的過程裡，我重新發現第四世界運動可以是多麼強大的動力，因為，若瑟神父教導我們的正是要對貧窮人胸懷壯志。這就是為什麼他創辦了平民大學，為了讓窮人能夠發揮他們的智慧。在這裡，窮人可以證明，尤其向自己證明，他們不只是一個被當成奴僕般隨意使喚的非技術性工人、或是沒受過教育的人。

在整個準備過程中，各地的小組都提到學習動機的重要性。學習需要動力。「小朋友在學校之所以無法好好學習，是因為他們沒有足夠的學習動力。」第四世界運動可以是成年人重要的學習動力，如果他們感覺到並知道我們真的需要他們。他們完全有能力，而且他們和我們一樣渴望，做出必要的努力，以達成第四世界運動對他們的期待。但是，我們還有一項浩大的創新使命要去達成，例如，當一位「活水成員」告訴我們：「在第四世界，我還沒有機會充分發揮。」時，這是真的。作為志願者，我們仍然太依靠自己，有太多事情親力親為，沒有讓其他人一起分擔責任。

在各地小組準備的過程中，家庭也會告訴我們他們是如何透過觀察、看別人怎麼做來學習，然後再獨自嘗試。一位女士跟我們提到他的兒子：「他覺得學習很丟臉。」學習，意味著承認並接受我們不懂。對於年輕人和成人來說，承認自己無知並不容易，有時甚至可能讓人覺得丟臉。

在這場平民大學，我們邀請到聯合國教科文組織成人培訓方案的負責人季樂梅先生（Gilmer）。之前我們曾經和國際關係團隊的志願者何春雨（Huguette Redegeld）和季樂梅先生見過面。他與家庭有相當多的對話，季樂梅先生很老實的承認，他的參考架構都來自第三世界國家。的確，他提到的「最低教育門檻」和我們對赤貧子民的抱負無法相提並論。

謄寫這場平民大學的錄音逐字稿時，我才發現盟友和志願者都沒有發言。如果我在現場就意識到這樣的情況，我肯定會把麥克風遞過去，讓他們聊聊自己以前是怎麼學習的、他們的孩子又是怎麼學習的、在學習的過程中，誰支持了他們……。

在聚會完幾天後，我遇到那晚在場的一位先生，我跟他說，並不是因為他窮，他就得要一五一十地把自己的生命經歷全都告訴別人，有些事別人不需要知道。地下室那晚，他準備了一篇我完全無法打斷的講稿。他告訴我，對他來說，這是一個誠實的問題，他不想隱藏自己內心陰暗的角落。但是，這實在很不公平，窮人被迫吐露太多，富人們卻自由地保持沉默、隱藏個人的憂慮。

這次平民大學，我們和漢斯、里昂、波爾多、雷恩等地的平民大學電話會議。像慶節般！

＊一九九〇年五月十五日：「說話的藝術」，一百一十六人：「活水成員」四十八人，志願者十九人、盟友三十五人、受邀來賓十五人。

這次，我們暫停討論自由這個年度主題，氣氛很熱絡。所有的地方準備小組都投入到口語表達及朗誦練習。他們想出一些遊戲、表達的練習，沒有任何人覺得這是在浪費時間。就如同論壇劇場一樣，大家喜歡的是能夠開懷大笑，不會被嘲笑，同時也完成該做的正事。

在平民大學，我會設法讓那些今年都還沒講到話的人發言。每次平民大學結束後，我都會做一份發言記錄表。

我們沒有時間去完成規劃中的每一件事情，但是今年，我們竟然大膽地花上一整堂平民大學的時間來練習口語表達，真棒！瓦茲河谷小組帶大家嘴裡咬著一支筆，同時唸一句詩來練習咬字發音……馬恩河谷（Val de Marne）小組邀大家透過在電話中回覆工作邀約來練習表達……諾瓦集小組教我們用傳圍巾的方式輪流練習即興發言……盟友要求大家透過定義單詞來掌握精確的語言……志願者則轉向想像力，讓大家描述對藝術作品的聯想……。

我們和馬賽的平民大學通電話，電話那頭邀請到記者來賓，聽起來現場整個氣氛鬧哄哄的……馬賽那邊接起電話的人告訴我們發生什麼事情時，我們頓時陷入頗為滑稽的囧境。我們這通電話打得巧，至少讓他們現場不太和睦的對話有機會中場休息一下。於此同時，也讓巴黎的我們意識到，大家一股腦兒的七嘴八舌就是這樣的下場……。

＊一九九〇年六月五日：「第四世界去到大學」，一百零一人：「活水成員」四十八人，志願者二十一人、盟友二十九人、受邀來賓三人。

為了這次的平民大學，在第四世界運動研究中心負責人志願者鍾嵐陸（Louis Join-

Lambert）的陪同下，我去拜訪了大衛（Marcel David）先生，他是勞工學院的創始學者，同時也是大學教授。此前在康城諾曼第大學舉辦的研討會㊺結束時，他這樣說道：「三十年前，我們為了向勞工開放大學而奮鬥，現在，難道不是向第四世界開啟大學之門的時候嗎？」大衛先生滔滔不絕地和我們分享他豐富的經驗，我則先給他打預防針，提醒他，萬一他在平民大學的發言被我打斷，千萬別覺得受傷。幸好有這麼做！

準備這場平民大學的過程非常有意思，家庭、盟友和志願者有機會對話。幾乎所有的盟友和志願者都受過高等教育，但很少有機會與「活水成員」聊到這部份。這觸及到不同社會階層的現實，有些階層的人很必然就是會去上大學，即使孩子並不是那麼喜歡讀書；而那些沒有機會上大學的人，就容易感到自卑。讀書人跟做工的人，理論與實踐。在各地的準備小組，有些事解釋起來相當不容易。例如：雅瑪莉很難讓其他人理解她的小女兒上大學時，她是多麼引以為傲，她被小組另一個成員說成是有錢的「資產階級」……不過，幸好，她提出了每個人都有權利上大學的觀點，那是她自己沒有機會享受到的權利。還有，相當罕見地看到羅素先生發怒，因為他的小組主持人說：「事實上，在出生時，每個小孩的機會都是平等的……。」同樣的，克雷泰伊市的一位女士有感而發：「我兒子一直都夢想當醫生。他十二歲的時候，當我跟別人這麼說的時候，大家都嘲笑我。現在，他是醫護助理。」

大衛先生發言時，也許是為了讓自己感到自在，他先回溯自己的童年，似乎是為了說明他在大學的行動以及他出席這次平民大學的理由。他講了將近半個鐘頭，我不得不打斷他，好讓大家能有一些時間回應。他向我們介紹了一些社會團體、一些與勞動有關的研究機構，並向我們提問：我們對大學有什麼期待？我們是否希望第四世界的「活水成員」進入大學接

45. 為紀念法國大革命兩百周年，第四世界運動在持久志願者石讓柯（Jean-Claude Caillaux）的主持下，與康城諾曼第大學聯合舉辦了一場主題為「民主中的赤貧者－從第四階級到第四世界」的研討會。本次會議實錄可參見《民主與貧窮》（*Démocratie et pauvreté*），一九九一年由Albin Michel出版社出版。

受高等教育，以便更有能力在他們自己的生活圈裡面積極投身？他願意幫助我們。但這真的是我們對大學的期待嗎？一些研究勞動的機構培訓工人，目的是讓他們成為工會幹部。可是，我們對大學的期待，不是希望它培養第四世界的幹部，而是希望大學能夠教導大學生第四世界的歷史。但是，因緣還沒俱足，此時此地，還不是討論這個問題的時機。

大衛先生今晚從赤貧家庭那裡學到了什麼？他是否能夠衡量赤貧的重負，同時意識到，即便快被壓垮，赤貧者依然懷抱著學習以及被傾聽的熱望？

在大會開始前，我和一個先生聊了一會，他經常一副氣沖沖的樣子來到平民大學。但是，今天他很平靜，他提到一個男人如果妻離子散，會經歷一種深沉的絕望與孤獨。他還有什麼活下去的理由，他甚至不再去找工作，也不用去完成任何工作上的要求，他三十五歲就拿到殘障手冊。他說：「當你受不了孤獨的時候，卻只有咖啡相伴。」

另一個男士和我談到他的工作，我問他是如何堅持下來的，他回答我：「因為我從來不提在工作上遭受到的羞辱，作為一名非技術性工人，只能服從和沉默，否則就會被炒魷魚，外面等著進來幹活的人多著呢。」

＊一九九〇年六月二十六日：「平底船上的歡慶」，一百零七人：「活水成員」五十五人，志願者二十一人、盟友二十三人、受邀來賓八人。

在這個年度，我們很認真做了許多事，為了結束這一年，我們必須策劃個大型活動。我們相約在「平底船」，這個屬於年輕人的知識與團結關懷俱樂部，年輕人答應把場地借給我們，讓我們可以辦一場驚喜派對。這個季節正炎熱，平底船的鐵皮棚子使整艘船相當悶熱。事實上，這種季節，在地下室正是最舒服的，真是不聰明的選擇！驚喜派對是一場舞會。我們佈置了場地，裝了些燈飾，每個準備小組都帶了一些蛋糕和點心。我們則負責飲料，大家都知道，一定是無酒精飲料。如同往常一樣，蛋糕點心多到吃不完，真是令人開心的聚會。

派對開始，我們首先回顧了這一年，用一張張海報摘錄每次平民大學的點點滴滴、大家努力回想曾經討論過的所有主題。我們先遮住海報內容，讓大家一張一張猜猜看，猜對的人負責拿著海報。氣氛很輕鬆，看著這一整年十二場平民大學一一呈現在眼前，對大家也是相當激勵的時刻。這是我們一年來的努力，我們引以為傲。

第四世界知識俱樂部的年輕人為我們介紹平底船，他們很驚訝我們來這麼多人，即使趕緊追加座椅，還是有二十幾個人只好站著。

我讓大家猜猜今年哪個地方來參加平民大學的人數最多，答案是諾瓦集，為大家開舞的也是他們！真的讓人驚喜交集。大家高興地跳舞，我也是！不管什麼音樂都能跳，在手風琴的伴奏下，大家一起跳那首掃把舞[46]的氣氛特別愉悅。我也邀請一位全年都參與了平民大學的荷蘭志願者亨利・范恩（Henri Van Rijn）帶他的小提琴來，這是今晚的文化時刻，我們靜靜地聆聽他的演奏，多麼美麗的一夜。

慶祝活動有個獨特的地方，它確實讓每個人都處於平等的地位。不再有「活水成員」、「盟友」、「志願者」的分別，我們在一起歡樂，就連那些不是特別喜歡跳舞的人也被大家拉進舞池。最後一曲傳統的法蘭多拉舞[47]，我們像往常一樣在十點半結束聚會。曲終人散，忽然雷聲大作，一場不可思議的暴風雨傾盆而下。我們的車子都停得老遠，還是得在雨中徒步

46. 譯註：掃把舞（la danse du balai）是法國手風琴家安德烈・維舒宏（André Verchuren）於一九五三年創作的一首歌曲。

47. 譯註：法蘭多拉舞（farandole）是一種法國傳統舞蹈，源自普羅旺斯省，被視為法國最古老的舞蹈。

走過去。大家雖然全身濕透，但都笑歪了！真是美好的年終派對。

下一次要在哪個社區、哪個社宅舉辦晚會呢？派駐在穆蘭－里爾（Moulins-Lille）[48]那段時間，我們每季都會辦一次晚會。我們自己和大家一樣，都很需要簡單、大眾化的派對……明年再來一次！

暑假期間，我得把所有大家關於自由這個議題的發言都彙整成一份文件，一字一句都不能丟失。

48. 穆蘭－里爾（Moulins-Lille）：法國北方里爾市的一個區，是第四世界運動在法國北方最早開始行動的據點。一九七一到九七三年，本書作者費鴻芳和另一位志願者Brigitte Seinnave派駐在此。詳情可參閱費鴻芳的著作《你是年輕還是怎樣？》（暫譯*T'es jeune ou quoi ? !*）（第四世界出版）。

第十章

第四世界平民大學的主持

一九七二至一九九四年，這段時間，第四世界平民大學的存在已超過二十年，即使會受到主持人（附錄五）不同的人格特質及專業背景影響，我們還是可以找到他們的共通之處。

主持人的角色是不停想方設法達成預設的目標：凝聚眾生，齊聚一堂，拒絕赤貧是大家共同的身份，這所大學的導師是赤貧者，他們和社會對話，在那裡，透過「活水成員」本身，產生了第四世界的代表。

為此，主持人必須跟各地準備小組帶領人有著非常緊密的聯繫，而這些小組帶領人則需非常貼近赤貧的日常現實。他同意第四世界運動對抗赤貧的政治奮鬥，不管是地方或國際層次。他也必須關切局勢，不管是社會，文化，經濟還是靈修的走向。

白瑪婷（Martine Bertin），參加了第一次平民大學之後，寫了一封信，分享她的震撼，這封信描繪出主持人的工作，除了技巧，更是和在場參與者的共融：「我希望我的用字遣詞不會偏離我的想法，那天晚上我受到很大的震撼，到現在情緒都還沒平復。我備受衝擊，一到會場就目瞪口呆，走完最後一級階梯，抵達地下室，全身好像被眾多赤貧刻劃的面容用力鞭打了一頓。

我覺得自己的良心被嚴重打亂，被重新質疑。

那天晚上，我遇到赤貧家庭生活的現實，面對這種難以忍受的情形，我感到義憤填膺，很不自在。極端貧窮摧毀、啃食一個人的內在與外表。它打擾，也切斷溝通的管道，讓人退縮。那晚，我更理解到排斥造成的重擔。

誠懇的接待儀式，會場充滿活力，主持人的溫暖與熱情，參與會眾的溫暖在在平息了我初抵達時的那種憤慨與反抗的情緒，也幫我去忍受赤貧的沉重。

那天晚上，我仔細聆聽，學習很多。我感覺到這群人為了不讓自己被壓垮，為了繼續抬頭挺胸，尋找希望，他們不可思議地努力著。

不過，發言並不是一件容易的事，這些人有時候發言遇到這麼多困難，在外面，例如在孩子們的學校，很難讓自己的聲音被聽見，可是他們在這裡卻能侃侃而談。這裡是他們能夠被聆聽的地方，麥克風是神奇的化身。在麥克風前面發言看起來場面很大，但在這裡，大家似乎習慣成自然，有時更像是一場遊戲。麥克風接受意見、提問，有時偏離主題，但它讓各種想法和思考得以傳遞，而且經常非常深刻。這個麥克風讓他們的發言展現出意義，令我印象深刻，也讓我想要專注聆聽。」

神奇麥克風。

創造一種自在友善的氛圍，讓話語得以釋放出來

創造一種讓大家都能感到自在的氛圍並非小事，這是生活在貧困中的人真正的期待，在某次年終的個人評估，這一點是大家首先重複提到的：氣氛很好。薩多（Sadot）先生在一九九〇年六月說過：「在平民大學，我喜歡的是氣氛，我重新得到力量，我能夠參加，都要感謝我的朋友畢羅傑（Roger Bry），我很驕傲也很高興能跟你們在一起。」只可惜，他參與的時間並不長，一九九一年三月，他在那間他和女友共享的陋屋辭世，去世時才三十八歲。薩多先生還不曾在平民大學公開發言，但是，他在這個地方找到一種團體生活，一種向其他生活圈的人開放的社會生活。

物質條件的組織，支撐友善的氛圍

為了創造這種友善的氛圍，是半點不能靠運氣的。從麥克風的傳遞到整個會場的安排與布置，都必須精心策畫。會場的安排經過了好幾次的改變，怎麼安排座椅？主持人應該坐在哪裡？打從首次「與第四世界對話」，就已經提出過這些問題。因為有整整一年的時間，這些對話是和演講交替進行的，場地安排不同，也才表現出對話跟聽專題演講的本質是不一樣的。第一年，大家是圍成圓圈坐下來，內圈安排給「活水成員」與持久志願者，其他的公眾受邀坐在外圈。這樣的佈局出自一種安全感的需要，馬約翰（Jean Marcq）說：「感覺彼此

緊緊靠在一起是當時的需要。」但是，很快，大家就覺得這種安排太過封閉。

另外，給麥克風的人手握大權。主持人必須給自己很多具體的辦法，才不會變成一個平民演說家，他的角色是為別人的發言服務，而不是自彈自唱。這就是為什麼，主持人坐在一個好幾公分高的看台上，他跟其他參與者一樣坐著，而且能夠看到每一位參與者。在看台上，他很少獨自一人，因為會有受邀來賓，準備小組的代表，有時也會有偕同主持人在他旁邊。與會者就混在一起，坐成半圓形。

善用參與者的才能

巴黎的平民大學有某些時期運用不同的方式來創造這種氣氛，例如阿亞珊（Elisabeth Ayasamy）參加的那兩年，就讓第四世界平民大學所表達的言語轉化成歌曲，人權之歌便誕生於一九八八年十一月，因為之前平民大學連續兩次討論了人權的歷史，並研究了普世人權宣言。

人權

人的各項權利
世界的各項權利
人權是為了每個人

人權的思考
是為了停止戰爭
人權的宣告
是為了全球
是為了讓真正的笑容
出現在生活中

是為了愛的希望
能夠持續存在

人權是為你而寫
你沒有遮風避雨的地方
人權是為我而寫
我渴望發聲
為生病的你
為飢餓的你
為失業的你
尋找尊嚴的你

我們這些赤貧的生命
每天呼喚人權
我們對和平的需求
想要人權獲得實現
它們是非暴力的利器
要好好運用
要有耐心

要很多年
如果你要求人權
要替每個人要求
如果我要求人權
我不能把人權做切割
我們是第一個站出來護衛人權的人
我們是首批的人權護衛者
是第一個把人權放在心上的人

歌詞：Elisabeth Ayasamy

在大家都看過《悲慘世界》的舞台劇之後，〈你可聽到人民的聲音〉（*A la volonté du peuple*）這首主題曲就經常在地下室傳唱。

多元的主持方式，讓參與者自在熱絡

在第四世界平民大學，大家歌唱、歡笑，哭泣的時候不會覺得丟臉，因為我們同時在思考、學習、書寫，受教。幽默和歌曲對主持人來說都是必要的，就像一起慶祝聖誕節、過年，以及大學年終的儀式都是重頭戲。支撐主持工作的各種辦法也很重要，例如靜象劇面（image theatre）⑲與論壇劇場。但是，主持人必須不斷隨著討論的主題發明創造，這樣一來，那個熱絡與自在的氣氛就不會是虛假刻意，而是真正來自參與者本身。

例如國際家庭年的時候，在做年度計劃的時刻，好幾個人要求思考在貧困社區日常的跨文化經驗。每個平民大學的參與者都受邀去整理自己在生活中遇到的不同國籍人士，並在地圖上認出這些鄰居或朋友的祖國，然後勇敢去向其中一位詢問他在祖國最喜愛的食譜。一九九三年五月二十三日，我們並沒有討論食譜，也沒有討論種族歧視或包容，我們只是讓每個人敘述他和那道菜的相遇，那次平民大學，他們邀請了異國鄰居與朋友來參與，並在平民大學結束前，一起共享了大家帶來的五十多道異國風味的菜餚。

接待的儀式，消息的分享

迎接參與者，在大會開始前，花一點時間交換彼此的消息，會幫助創造一種接納的氣氛，然後才進入第二階段的討論。

樂寇海提及：「一開始，當我們在貧困區跟大家介紹巴黎的平民大學，有些人會說：『你要我們去那裏做甚麼，我們又不認識那邊的人，去了有甚麼意思？』事實上，一旦去到那裏，他們就感覺好像回到自己家裡一樣。因為他們覺得自己受到歡迎，那裏的氣氛讓他們覺得自己受到肯定。若瑟神父在我們抵達時，總是問候每一個人，這樣的接待，非常重要。在若瑟神父面前，每個人都有一個重要的位子，我想，這對每個人都很重要。」

49. 譯註：靜象劇面（image theatre）是透過小組參與者彼此間身體的姿態雕塑來呈現他們的感受與意見，透過肢體來表現一個詞、一種情境、一個文句、模擬一種狀況、表現一種情緒等。

李果女士說：「在第四世界平民大學，感覺大家像是一家人。」在那裏，我們談的不只是個人生活中的一些事件，我們談的更是關於我們如何拒絕赤貧，正是這點凝聚了所有的參與者。也因此，如果有一個家庭的孩子一出生就遭到強制安置，那就必須檢視整個系統。莫芳女士（Morvan）可以非常自豪地介紹坐在她旁邊的人：「坐在我身旁的是我的生母，我們已經三十四年沒見面，今天是我們第一次見面，白天我們一起度過，晚上，我強拉她來這裡，這樣，我們在一起的時間可以久一點。」又一次，這讓許多第四世界家庭的奮鬥往前邁進。同樣的，一個參與者可以在這裡宣布：「今年，我很高興可以在家裡過聖誕節，因為以前，我總是被禁止和家人過聖誕節。因為我是一個不小心失足的孩子，家人不願意接納我。一年

前，我重新找到全家人，我的哥哥、姊姊，父親和母親。我三十七歲，這是我第一次過聖誕節。這是我第一次沒在醫院或馬路上，或其他地方孤孤單單過節。」

當富荷（Frère）太太說，開學兩個月後，她終於替她十三歲的兒子找到學校，忿忿不平之後，整個平民大學的成員都替她感到高興，就好像面對官僚體制，大家一起打了一場勝仗。當她接著說，這件事大大鼓舞了她，所以她就去其他幾個孩子就讀的學校推銷第四世界出版的書籍，這次是學校獲得掌聲鼓勵。

很多這樣的例子，這些公開宣布的消息，不管是有關家庭、住宅、工作或孩子的學校，都鼓勵到那些每天繼續奮鬥、卻還沒有苦盡甘來的人。

自在的氛圍與表達的自由相輔相成

鼓舞人心的消息無法隱藏窮人生活中面臨的各種困境、激憤與苦痛，也無法遮蓋世上正在發生的各種災難。有時，面對媒體描述的各種悲劇，憤怒之情就當場爆裂開來。一九九一年，當媒體報導西亞地區的庫德族人被到處驅趕時，巴友（Baillou）先生表達了憤怒，其他「活水成員」看見一九七九年越南逃難船民的影像也是同樣的激憤；一九八四年非洲薩赫勒（Sahel）地區的大飢荒令人心碎；一九八七年我們在巴黎平民大學放映聯合國教科文組織為紀念「無家可歸者收容安置國際年」所製作的幻燈片，「活水成員」再次表達義憤。

這些憤怒，不是基於政治分析，而是基於這樣的事實：我們不應該也不能任由人們被粗暴對待。這樣的義憤之所以在平民大學爆開，是因為第四世界的「活水成員」感覺到自己是世界的一份子，他們對那些被排斥、被驅逐、被遺忘的人有著特別強烈的敏感度。第四世界平民大學一開場，他們就向第四世界運動提問：「你們為他們做了什麼？」這時主持人要換個角度提出問題：「我們能一起做些什麼？」

「坦白跟你們說，雖然我不是神父，但我愛這個世界。」一個為越南難民感到憤慨的先生表示。

這樣的憤慨，也可能和街友的處境有關。

在聖誕節前夕的一場平民大學，巴友先生氣沖沖地來參加，他想要馬上發言：「我們必須革命！我們應該改變這個該死的社會！這就是我要說的。只要少數人擁有一切，這個社會就不會有任何改變。」接著他停了下來：「噢，麥克風被切斷了，我被『審查』了⋯⋯。」他沒發現手裡的麥克風，隨著他憤慨的手勢，已經拿得離嘴巴越來越遠。我鼓勵他繼續說。

他接著發言並解釋憤怒的原因：「有些人什麼都有⋯⋯他們自私自利，從來不會和其他人分享。剛才在地鐵上，看到很多人睡在地鐵廊道的地上，你覺得一個社會應該這樣嗎？所以，善良點。我說我們需要博愛、平等、友誼和溫柔、愛。好了，這就是我要　說的，現在你們可以按你們原本的程序進行。」

在會議廳裡，一位非常貧窮的女士點頭同意：「他說得沒錯。」

正值聖誕節，到處瀰漫著節慶的氛圍，佳節對那些一無所有的人特別難熬，他們孤孤單單，沒有家人可以一起慶祝。

自在的氛圍和思想的交鋒並沒有矛盾

在第四世界平民大學表達的所有憤怒與不平都被聽見了。一些議題，例如工作，引起許多被職場拒絕的成員的憤怒，當你知道這個主題是巴黎平民大學二十年來，繼兒童議題之後最常出現的議題時，歷屆主持人都不怕衝突會破壞友好熱絡的氣氛！而且工作這類議題，會讓那些習慣沉默的人願意發言。每一個經歷過苦難的人都有著令人印象深刻的工作經驗，伯凱莉女士（Berthelier）就是如此，她問：「你們有在火車車廂上工作過嗎？清潔打掃？你們不知道這是什麼工作。年輕時，我和媽媽不得不在凌晨三點起床去巴黎東站打掃車廂，如果你曾在火車上打掃過，不妨過來討論一下！」

但是，每當悲傷太深切時，憤怒甚至不再迸發，反倒讓位給沉默和沮喪。沉默在第四世界平民大學有著重要的位子，當下無聲勝有聲。

對難以忍受的情況表示同情乃人之常情，但，如何使聽到這些陳述的人，能夠進一步把激昂的情緒轉化為思考與奮鬥的力量？

協助相互理解，讓對話得以進行

當彼此的生活圈天差地別、用字遣詞與表達方式背後可能蘊含著不同的現實，當語言表達的困難加劇了失學對人的影響時，當討論的議題背負著多年來經歷的不公不義時……這

一切似乎都讓對話成為艱鉅的任務。有時，為了掩飾自己的焦慮，主持人會不自覺地限縮平民大學的對話時間。例如，將平民大學塑造成一個提供國內外對抗貧窮相關新聞的論壇，或者，誇張地給各地準備小組太多時間，讓他們朗讀事先寫好的發言稿，僅管主持人明知這會占用對話的時間。

第四世界平民大學的豐富在於嚴謹的準備，以及率直真誠的對話，平民大學能夠也應該促進這樣的交流，因為只有在這樣的交流對話過程中，才能衡量出彼此到底是達成相互理解或仍然誤解著對方。

語言

一位參與平民大學許多年的先生說道：「我試著讓我兒子正確發音，就像我的發音一樣。我可以告訴你，這是事實，這裡是我學會好好說話的地方，我原先無法好好表達，我講話速度太快，太快就會講不清楚。我是在巴黎頂級路的地下室學會好好說話的。有好幾次的會議，在表達時，我都試著咬字正確，我們不該害怕和那些來自不同背景而且口才很好的人交談，以前，和那些口才很好的人在一塊兒時，我都會很緊張，不敢開口。」

一九七八年三月，第四世界平民大學討論兒童語言發展，若瑟神父說道：「在社會上，是甚麼造成差別？問題不在於你是窮人還是富人；真正的問題在於會說話的人和不會說話的人，兩者天差地別。」

麥克風的使用十分重要，因為它象徵著公開講話時，必須咬字清楚，口齒清晰。有時，主持人必須重述或用其他字詞表達他理解到的內容，以便與發言者再次確認他想表達的意思。練習公開發言是把正義還給赤貧者，剛好而已。因為有一些成年人的表達缺陷常常源於孩童時期，但也因為牙齒不好和呼吸不順變得更嚴重。

聆聽，理解的第一步

然而，對於赤貧者的不理解很少僅僅是由於生理上的缺陷或口齒不清的問題。社會地位很低的時候，聲音是很難被聽見的。人們要麼指責赤貧者不會說話，要麼責怪他們太會說話。如果是後者，他們會說窮人就只是鸚鵡學舌，人家怎麼說，他們也跟著說；又或者責備他們總是在重述同樣的事情。別人是怎麼在批評窮人，雅瑪莉心知肚明，但她只能見證自己的經歷：「平民大學讓我說出我的想法。我理解到我有思考的權利，有表達的權利。我在平民大學學到很多事，但他們沒有教我應該怎麼思考，這點我本來就知道。」

當然，從形式上看，赤貧者的話語並不完美。他們沒有接受過高等教育，通常連初級教育也沒有。但是，二十多年來，在平民大學，這些父母不斷以不同的方式一說再說：「我們不希望別人一次又一次帶走我們的孩子，孩子是我們的生命。給我們一個住處、一份工作，幫助我們親自撫養他們；只要別再碰我們的孩子！」這會很難懂嗎？

多年來，在平民大學，有一位婦女拿起麥克風重複說著：「他們帶走我的孩子，他們沒有權利這麼做，我是他們的母親。」每一次，她所說的都與平民大學討論的議題有關，從未離題。

不理解的主要緣由，是因為人們強烈抗拒與赤貧者對話。他們極端的處境讓我們感到不安。主持人的角色很不容易，他必須想辦法讓赤貧者的表達成為教導，而不是變成大家詬病的對象，避免大家在形式上做文章。當然也得運用一些實際的方法，因此，在平民大學使用牆板書寫、請書記為大家當場公開紀錄，此舉，有助於讓揭露出來的赤貧處境被概念化，將客觀的生活事件轉化為概念。

對話的阻礙

在第四世界平民大學，如果非常貧窮的人相互對立，多是因為他們經歷了太多痛苦。即便如此，那樣的對立也很少會變成爭吵，因為在平民大學，存在一種智慧，這種智慧是多年來參與其中的人傳承下來的，這讓每個人都感到有責任掌控自己的情緒和言行。遲早，意見不合的人會出去好好冷靜下來，但是，對主持人來講，在場面一度劍拔弩張之後，要繼續進行平民大學還是有一定的難度。

參與者和主持人之間極少有爭議，如果有，也只會發生在對人缺乏尊重的時候，無論是針對來賓、非常貧困的人或是持久志願者。

對話最常遇到的障礙之一是沒有經歷過苦難的人自以為了解甚麼是苦難。這種情況有時會發生在受邀的來賓身上。如果以為只要受邀來賓是了解第四世界運動的人，一切就會迎刃而解，無論他們是朋友、盟友、甚至是持久志願者，那就大錯特錯了。任何來到平民大學的人都是第四世界家庭的客人，「活水成員」就像是在自己家裡一樣，這並不是一句空話，而是已經完全內化的。受邀來賓，無論地位如何，如果不是抱著學習的態度而來，即使他分享的內容精彩萬分，氣氛還是會很快變得緊張不已。這些來賓之所以一副很懂的姿態，也許是因為他們已經認識第四世界運動很多年，或者透過本身的職業或研究累積了對相關議題的認識，但無論這個「知識」的來源是什麼，結果都是一樣的。面對這些來賓，赤貧者的反應像是過敏，因為赤貧者作為教師的角色受到了挑戰。被這種氛圍瀰漫的平民大學，主持人就很費勁了。就我個人而言，我覺得這些時刻的確特別難以主持，但幸運的是，這樣的情況很少發生。

協助相互的理解

有時候，第四世界的家庭所描述的情況令人難以忍受，而且會讓人想要衝動地直接給出解答，而不是花時間去理解這些提問背後真正的涵義。例如，下面是一位年輕的第四世界「活水成員」與一位在職業訓練領域非常稱職的來賓之間的對話。

年輕女孩：「我正在接受專門為十名弱勢處境的年輕人提供的職前訓練，參與者裡面有三位來自第四世界運動。主辦單位要求我們這十位參與培訓的年輕人要搬往馬恩河畔訥伊鎮（Neuilly-sur-Marne）[50]。我來自漢斯市（Reims）[51]，首先遇到的難題就是住宿。我很幸運，第四世界運動幫我找到一個住的地方，不然的話，我就無法參與培訓了。我們去申請職訓補助金，但是沒有申請到。你們都說要受教育，但是，當我們好不容易找到職訓的機會，問題還是錢，沒錢萬萬不能。」

來賓：「你可不可能爭取到獎學金？或其他……？」

年輕女孩：「按理說，參加職前培訓，我們每個月可以從衛生社會事務局（DDASS）那裡領取一千法郎的獎學金。可是，過去四個月裡，我們什麼也沒領到。要怎麼生活？還好有第四世界運動，不然我就得捲舖蓋回漢斯去了。」

來賓：「到目前為止，這是每個高中生、大學生甚至初中生的命運，我們不會給見習的學生酬勞。」

年輕女孩：「既然要給弱勢的年輕人提供職訓，就應該貫徹到底。年輕人之所以沒接受職訓，往往是因為沒錢。」

來賓：「抱歉，我不確定是不是這樣。有很多例子證明那不是一個障礙，在法國，學習是免費的、又有獎學金。當然，有時也是有一些限制。」

50. 譯註：馬恩河畔訥伊（Neuilly-sur-Marne）是大巴黎塞納－聖德尼省（Seine-Saint-Denis）的一個鎮，距離巴黎市中心約十三公里。

51. 譯註：漢斯市（Reims）是法國東北部的一座重要城市，是香檳地區的經濟、文化、商業和科教中心。

年輕女孩：「我來自一個有十三個孩子的家庭，我的兄弟姊妹都是文盲，他們沒有工作。我排行第十，我想要脫貧，但是，您看看這是甚麼情況？」

來賓：「您現在不正在脫貧路上嗎？您正在接受輔導員的培訓。」

對話到這裡陷入僵局，這時主持人不得不介入，好能支持這位年輕「活水成員」的發言，同時又不讓來賓丟臉。第四世界平民大學的主持人並非立場中立，馬果女士說過：「主持人當然是站在家庭那邊。」那晚，我的職責是在結束這場對話時告訴在場的年輕人：「你們是不服輸的鬥士，你們在這裡，今晚你們發言，是因為我們希望你們的職訓經驗也能有助於其他年輕人。這是我們奮鬥的初心，你們一定會成功，因為我們在這裡，一起支持你們。」

主持人必須提供一些說明與理解的關鍵，好讓對話繼續進行，不僅是讓第四世界平民大學的參與者得以對話，更好說，是讓第四世界與社會得以對話。為此，主持人不僅必須要對第四世界有所認識，還要懂得社會以及規範這個社會的各種法律。

若瑟神父親自主持巴黎平民大學的那幾年，經常提供對話不可或缺的關鍵理解，從來不是在辯論開場時就給，而是在交流進行中或做總結的時候。

例如，一九七五年二月十八日，當時討論的議題是「工會的反失業抗爭」。我們邀請到一名工會代表。

當晚的對話並不容易，若瑟神父做了這樣的總結：「我們想方設法，但所有的經驗都讓我們感到灰心，因為我們被誤導，以為工會是魔法棒，會創造奇蹟，然而，工會是一場抗爭，是要讓工人能重拾他們失去的或不斷被剝奪的權力。某次取得的優勢不意味著永遠的勝利，因為另一方仍想奪回權力，這就是工會的奮鬥。

從親身經驗出發，我們發現這些經驗令人失望，因為我們被誤導，以為工會能夠奇蹟式的解決問題。正是這種思維造成反工會、反勞工的心態，工人不能相信這種奇蹟。」

一九七六年四月六日，平民大學的主題為「各時代的兒童安置」。衛生部的一名高層公務員應邀出席。

若瑟神父：「歷史提醒我們，我們的子民是誰、我們從哪裡來、是什麼樣的機制讓我們變成這樣。這些討論到歷史的眾多個星期二都很重要。我們了解到自己從哪裡來、我們知道自己為什麼會這樣、我們知道為什麼自己的孩子會在某個時候被帶走、為什麼他們被安置、為什麼兒童保護機構不將他們還給我們、為什麼孩子被送往鄉下。知道這點對我們非常重要。

人們總說時代變了，其實都只是表面的改變，重要的是體制的改變，而且體制內的人，他們的心態思維也要改變。因為如果體制改變了，但是公務員的心態與思維沒變，照顧人員沒變，寄養家庭沒變，那麼事實上，甚麼都沒改變。

歷史是一切解放政策的基礎。

嘉賓，您必須明白，大家並不是在攻擊您。在您背後有五個世紀的歷史，那種對窮人的仇視是真實存在的，而且幾乎是一種本能的反應，這需要意識及心靈的深刻轉化，才能真正改變態度。這不僅是一種表現於外的態度，更深植於內心。這不只是法國的問題，也不是體制的問題，而是一個社會的基本問題，在所有的體制都是如此，那就是害怕窮人。這就是為什麼歷史如此重要，因為我們繼承了整套的精神塑造，這使我們至今仍是一群必須為尊嚴而拼搏的子民，為了成為完整且平等的社會伙伴。您談到機會不平等，其實畫蛇不必添足，應該談的只是平等。這才是真正的問題，這樣才能讓兩個人，面對面，圍著一張桌子，真正達到平等。在這個世界上，每個政權都刻意在窮人身上貼標籤，目的是把他們放到一邊去。」

參與者彼此對話的時刻

最後，還是延續理解這個主題，主持人必須針對討論的議題，讓第四世界平民大學提出大家明確表達且有共鳴的想法，不一定非得是共識不可，接著必須和其他想法交鋒，最後形成第四世界對外的公開發言。第四世界平民大學的代表就是這樣建立起來的。

例如在一九七五年三月，針對「出生率」這個議題，幾位與會者進行了辯論：

年輕婦女：「假如孩子得繼承我們的貧窮、我們的生活方式，那我寧可不生小孩。如果你們沒有辦法撫養他們，那你們生小孩只是讓他們陷入不幸。」

帕齊女士：「我有五個孩子，那時候，我住在諾瓦集貧困區，我們一貧如洗。即便如此，我只說一件事，孩子們真是令人讚嘆。如果您結婚，卻不想生小孩，那我可不同意。」

雅瑪莉：「我認為因為負擔不起，就不能生小孩是很可惜的。對社會來說，這種思維太簡化、太草率了，這樣一來，不是富人和窮人並存，而是消滅窮人；要窮人不生小孩，就是這個意思，當我聽到這些，我想到的是墮胎法，我覺得這是為窮人提出來的，大家會告訴窮人，你們沒辦法撫養小孩。按照您這種說法，我們沒有權利生養小孩，事情會變成這樣。」

年輕婦女：「這不是權利的問題，而是讓自己承擔生小孩或不生小孩的責任。如果意識到自己在撫養一個孩子，如果能讓他適應生活，當然沒問題，但是，如果擔負不起，我覺得最好還是不要生小孩。」

雅瑪莉：「我們還是有權利生小孩，生兒育女是天生自然的。如果因為社會不允許我們撫養小孩就是剝奪我們擁有兒女的喜悅，我們該何去何從？」

帕齊女士：「我們的孩子是第四世界的孩子，他們過得很開心。」

辯論進行到這裡，若瑟神父發言了：「現在，為了養兒育女，大家得要成為英雄嗎？我覺得雅瑪莉說的非常重要。

要不要生小孩，本來是一種選擇，對窮人來說，卻可能變成一種不得已。

五十年來，我一直聽到有錢人抱怨窮人：『他們生那麼多小孩到底是在幹嘛？這些女人是母豬嗎，一群不衛生又不識字的媽媽，生那麼多孩子真是丟臉，更何況還養不起。』

外界可以強迫一整個階層的人口停止生育，說穿了，社會把這群人當成負擔。四十多年來，法國的住房政策一直對窮人非常不友善。長久以來，政府拒絕蓋三房兩廳、或四房兩廳的住宅。」

有時，主持人可以依靠其他參與者讓對話發光發熱。

例如一九八〇年三月，談論移民的失業議題時，大家和一位來自移民服務協會的來賓進行了激烈的討論後，史坦鎮的白夏爾（Charles Blond）先生發言：「我想說幾句話，作為一個失業者和移民的朋友，我覺得很重要。今天，無論是法國人還是移民，我們都是同一個體制的受害者，如果想要理解彼此，雙方都必須提升自己。當您說：『我是種族主義的囚犯』時，那位在另一頭回答您的先生，用自己的標準回答了您，他是另一個監牢的囚犯。我認為我們的角色是讓人知道，第四世界運動是為了每個人而存在的我們必須有一個更高的視野，避免任何導致我們分裂的事物，因為我們是『活水成員』。以上是我的分享。」

一九八七年十二月，第四世界平民大學討論到社會事務部部長澤勤先生（Zeller）提出的一份關於「不穩定與貧窮」的研究計畫。談著談著，就討論到救濟的問題。

一位先生：「我們不想被社工救助，我們想自己脫貧，不想依賴社會福利，不想一直被別人幫助，問題出在這裡，如果一直向社工求助，我們永遠無法脫貧。」

一位婦女：「求助並不可恥，但的確很不容易，哭著去求助是有點丟臉，但還是得鼓起勇氣去問，勇敢的說出：我有孩子要養，您能幫幫我嗎？」

這一回，輪到一位與會的持久志願者站出來幫助參與者理解：「尋求協助，如果只是一次並不可恥，我同意。但如果持續求助，是否還是如此？僅僅求助一次並不丟臉，如果這能幫助我們去爭取到應有的權利。沒有人會怪罪遇到急難的人，急難救助有其價值，但是，如果一直處在急難中，沒完沒了，變得完全依賴救助，這種情況，我們當然無法接受。」

年輕婦女：「這點我同意。」

針對「不穩定與貧窮」這項研究計劃，經過各地準備小組的討論，並且在平民大學的大會達成一致的結論後，我們寫了一封信給社會事務部部長。

參與者之間也能自然地進行對話，每個人都有自己的見解來推進思考。例如，一九八九年三月，當時平民大學討論的主題為：「如果我們是市長，我們的計劃會是什麼？」羅素先生（Russel）回到他最關心的問題：「如果我是市長，我會創造就業機會。允許一些企業進駐，並且，我要制定一項政策，向業主提供訊息，鼓勵他們僱用沒有資源的工人，他們可以獲得減稅並享受地方稅的減免。」

受邀來賓，市長本人答覆道：「有時，最簡單的工作還是有門檻，會要求最起碼的資格證明。工作越複雜，要求的資格證明也越多。我們必須做的是，無論付出什麼代價，讓學生離開學校時，都能學會閱讀、寫字和算術，具備足夠的知識水平，讓他們可以在整個職涯中適應勞動市場的變化。很難，但無論如何，對我們的孩子來說，讓他們具備這個水平是絕對必要的。」

全心全意全力讓非常貧困的人得以發言

當主持人沒有完全被媒介角色淹沒時，他優先要扮演的角色是：讓大家聽見赤貧者的聲音，這是主持人的指南針。

無論使用哪一種主持方法，非常貧困的人如果沒有受到邀請，真的還是很少發言。

志願者韓瑪芳很恰當地總結了主持人這個角色：「若瑟神父很懂得向別人提出問題，即使是非常貧窮的人，因為他從生活出發。他會找一個對方知道的具體事件並詢問：『這位先生或女士，您也經歷過這些，您可以和我們分享一下。』他熟知這些家庭的生命，而且很愛他們。當你熱愛一個人的時候，你會想要知道對方怎麼想。若瑟神父盡一切努力讓這些家庭得到賞識，他是抱著這樣的目標向家庭提出問題的，這是他唯一的目標，目標背後是溫柔與友誼。為了讓窮人發聲，必須非常了解他們。這是為什麼即使一個非常貧窮的家庭也可以來平民大學，這不是會不會說話的問題。必須讓家庭有機會陳述他當天可能經歷的一件事情，因為在很窮的情況下，我們經常就只能說出當天的經歷。如果在場有人能夠以這件事情做為引子，不僅深談，也賦予意義，就很棒了。不是給答案，而是將這件事放到一個社會背景裡。這對知識份子來說需要一些訓練，很少有人知道該怎麼做。」

杜陸喜（Lucien Duquesne）表示，發言的分配是主持平民大學的核心任務：「想到主持平民大學，我馬上聯想到緊張的氣氛、不容易傾聽所有的發言，以及鼓勵與會者發言的困難。而且還要確認每一次的發言都有被大家聽懂。我回顧自己在現場看著那些還沒發言的人，如果我給他們機會，他們通常都願意表達自己。」

認識每個人，叫得出他們的名字

由於參加的人來自整個大巴黎地區，主持人無法直接認識每一個人，因為招募與邀請，是由各地的準備小組來進行。在這種情況下，巴黎平民大學的主持人和各地準備小組的主持人之間的凝聚力就至關重要。除了友好的關係外，最好的方式是在平民大學舉行之前，各地準備小組把所有的會議摘要以及逐字稿寄給大會主持人。這是一項重要的工作，是準備小組的盟友及持久志願者承擔下來的責任。若是沒有這種持續且嚴謹的聯繫，巴黎的大會主持人就無法鼓勵非常貧困的人發言，而且會產生總是同一群人獨占發言的風險。

邀請大家發言，但不強迫，尊重隱私、創造一種真正聆聽及理解的氛圍、拒絕那些認為「自己可以說得更好」的人來取代受邀發言的人、能從簡短的發言中再淬鍊出可以推動大家進展的話語，這一切對主持人來說是一個真正的挑戰。有一點很重要，在第四世界平民大學，不必感到非說話不可。雖然有時候為了幫助大家理解，主持人會公開提出一些問題。杜費盟先生很清楚這一點：「沒有人會強迫你發言，如果不想回答問題，就搖頭拒絕，每個人都是自由的，有時閉嘴總比胡說八道好。」

為了幫助非常貧困的人發言，並沒有什麼可資遵循的技巧，得靠建基於信任的關係，還有暫時忽略在場有一百多雙眼睛在看著你。

毫無疑問，正因為每個人在平民大學都深深感受到無條件的尊重，大家才能在這裡表達他們深信的價值觀，這些價值讓他們撐到今天，不至於倒下。一九八二年，在一場討論「家庭權利」的平民大學裡，一位年輕女士讓大家再次理解到，為何要不斷走向那些遇到最多困難的人，不是出於憐憫或恩賜的態度，而是對人的尊重及對每個人的未來懷抱信心：「我懷有七個月的身孕。現在我被房東趕出來，丈

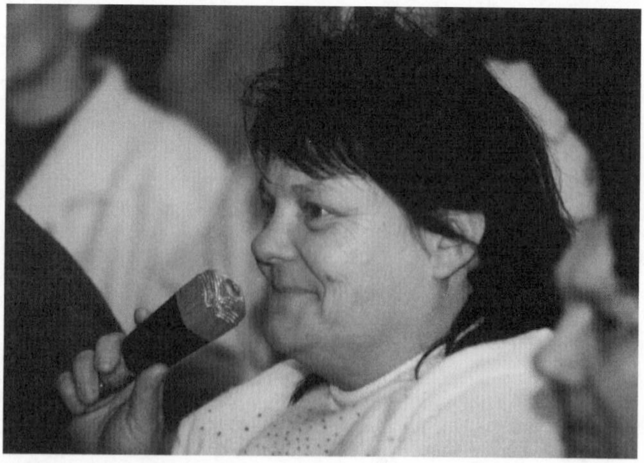

西蒙妮（Simon）女士。

夫在醫院，他喝酒，這是事實，但是，我認為大家不應該因為一個人喝酒就放棄他。說他們就是這樣、就是那樣，我們得幫幫他們。老闆把我解雇了，他要我離開我丈夫，我欠了兩百萬法郎的房租，老闆跟我說：『我是很想借妳錢，但妳得離開妳丈夫。』這可把我惹惱了，我覺得跟丈夫在一起更安全，他很願意工作，即使他愛喝酒……我老公當然有很多缺點，但我確信他這一生一定會有所成就。我不會把任何人踩在腳底下，我看著自己的鞋底，不管怎樣，老公還是比它高，我就是這樣，我天生就是這樣。」

議題的選擇

對一些因為非常貧窮而習慣沉默的人來說，平民大學的某些主題更有利於他們發言。

例如一九九二年三月的議題為「身心障礙者」，多虧事先準備工作的品質以及主題本身，生活經驗的分享沒有演變成一場辯論，而是每個人都能融入的一場關於人類生命價值的教導。雅瑪莉那晚跟大家談到她的女兒辛蒂雅（Cynthia）。由於她精彩的見證，讓許多赤貧者也敢開口談論自己的親友中也有身心障礙者，不管是自己的父親、母親或小孩。應杜費盟先生的邀請，一名身心障礙兒童中心的主任出席了這場大會，專業人員的功能受到肯定，他們和家庭的角色是互補的。

一九九三年一月，兒科醫生凱瑟琳女士受邀出席平民大學，那次討論的議題是「父母的角色」。和以往每場平民大學一樣，第四世界的人優先發言。受邀的來賓在聽完後才說話。

凱瑟琳女士的傾聽能力，使她能夠在大家都熱絡參與的氣氛中，分享她的經驗。在年度評估時，一位先生分享道：「歌手卡洛斯（Carlos）的妹妹凱瑟琳女士來的那次，我非常專心，那次的分享實在太棒了了，太令人感動了，大家都非常專心聽她說話，她說得很有道理。在平民大學，我們學到用正確的推理來做出反應。」

一位非常貧窮的婦女還記得，那天晚上，她終於鼓起勇氣發言，甚至打斷來賓：「在談論父母的角色之前，要先給每個家庭一個遮風避雨的屋頂和工作機會。」這是她正在為自己的女兒展開的奮鬥，她在這所平民大學找到足夠的力量，才敢表達出來。

另一位多年來在平民大學一直默默無語的婦女，第一次同意拿起麥克風，向我們介紹她的孩子的名字及年齡。結束前，她甚至主動去和凱瑟琳女士交談。

選擇有助於主持的各種元素

某些主持技巧可以讓那些平常比較害羞的人開口說話。

例如，有一次平民大學討論「父親的角色」，我們運用了論壇劇場的技巧。每個地方小組事前準備好一幕「靜像劇面」，用來呈現他們對父親這個角色的詮釋。隨後，邀請觀眾說出他們對那個畫面的理解。麥克風被傳遞下去，讓大家描述從舞台上看到、理解到的，麥克風優先傳給那些很少主動參與討論的人。

接著，當晚持久志願者的小組表演了一齣論壇劇場。他們表演了三種情境，在每個情境裡，父親的角色都不是那麼容易：爸爸與他那些賴在家裡不走的朋友、忙著做家務的爸爸、因為沒工作而被年輕人嘲弄的爸爸。在一種溫馨的氛圍中，每個人都可以在演出的情境中認出自己，並對那些上台提供另一種結局的演出表示同意或反對。即使沒有直接上台代替原本的主角演出，最貧窮的人在這場討論中也很專注，因為視覺總是比光聽別人說話更能維持注意力。

另一方面，主動上台參與論壇劇場的演出也讓他們那種一針見血的聰慧得到了肯定。在一齣以學校為議題的論壇劇場裡，一名婦女上台演出，在虛擬的戲裡，學校對她的孩子感到頭痛。面對其他來自富裕階層的學生家長，這個非常貧窮的婦女巧妙答辯：「既然您們的孩子那麼聰明，而且那麼喜歡學校，那就應該把他們放在班上最後一排，因為不管怎樣，他們都會繼續用功讀書，所以，我們應該把最前面的位置留給那些學習遇到最多困

難的學生。這才說得通嘛！」

學習資源要幫助個人和團體都有成長

凝聚赤貧者，讓他們發聲，而且還有其他生活圈的公民在場，我們很可能因為這樣就沾沾自喜。如果只是這樣，千萬別說這就是平民大學，你只能把它稱做和第四世界家庭一起聚會。學習、分析與歸納的嚴謹性一直是若瑟神父所關注的。從早年開始，他就一直追問持久志願者及盟友，如何一起尋找學習表達的方法：「一個人會說話並不表示他就有理由說話，他說話的內容才是重點。所以，不是『意識、發言』，而是『意識、分析和發言』。我們一輩子都在學習這件事，不管是在自己的家庭內部，還是小學、中學與大學時期。每到一個地方，大家都跟我們說：『發言前，先想清楚。』在平民大學，我們跟他們說：『充分察覺之後，再發言。』不對，應該說：『察覺你的處境，好好想想，然後才發言。』在正常的情況下，一個人如果已經分析了他的處境，而且他也願意站出來做見證，不管站在他面前的人是誰，不管他的發言被接受還是被拒絕，他的表達都是能夠被其他人理解的。如果他的聲音無法被理解，那麼，他表達的內容就沒有未來，沒有前途可言。

可以肯定的是，來自第四世界的『活水成員』，如果不從具體事件談起，就無法討論重大議題。他們的內在是一個還沒有時間重組記憶的世界，『活水成員』擁有記憶的細節，但是，這些細節像是到處散落的拼圖，他們沒有機會、也沒有時間與能量去重構拼圖。為了回到與他人對話的道路上，他們必須把零零落落的拼圖重新拼湊起來，他們必須一點一滴重組記憶，他們必須從細節開始。」

各地準備小組的主持人必須關注參與者參加完平民大學之後的反應，聆聽他們表達出來的陶成需求，並想辦法回應。

喬思安解釋他們使用了甚麼方法，好能鼓勵大家發言：「在地下室，大家特別喜歡遇到其他貧困區的人，像是諾瓦集、凡爾賽，他們會說：『那些跟我們一樣的人』。起初，對他們來說，聽到其他人說出他們自己想說的話很重要，所以他們會跟我說：『從克雷特來的那個女人有站出來說話，她根本就是我的翻版。』但很快，他們就說：『在地下室，總是同一批人在說話。』從那時候開始，我對自己說：『我們必須學會用對著錄音機慢慢說，說清楚。我們這樣做了，並且反覆練習。帕齊女士在地下室第一次發言那一天，就是一場勝利。在小組的練習讓她去到外面也能發言。」

整個運動這種知性學習的意志於一九七七年變得更加具體，若瑟神父在巴黎互助宮發出的挑戰很有代表性：「十年後，每個人都可以學會閱讀和書寫，已經會的人要教給還不會的人。」

也就是說，要在處境不利的社區創造一股潮流，讓弱勢族群重新握筆書寫。為了準備第四世界運動在互助宮的二十周年慶，《團結關懷陳情書》在法國各個貧困區流傳開來，目的是邀請大家記下外界針對弱勢群體所採取的行動。這個運動每次組織的公開活動，這樣的書寫練習都是不可或缺的一部份。

一九七七年一整年，若瑟神父鼓勵第四世界的家庭、盟友與持久志願者分享他們在閱讀與寫作方面的知識，他說：「如果第四世界的家庭沒

有辦法流暢地閱讀和寫作，如果我們無法讓自己的孩子上大學，如果我們自己手中沒有一技之長，我們就不能繼續談第四世界的解放，我們可以年復一年地凝聚在一起，但是，我們還是永遠無法打破赤貧的枷鎖。」

在第四世界平民大學，這個書寫的努力成為非常核心的部分，書寫讓你對別人的思想有了影響力。即使在第四世界平民大學，還是存在一個極大的誘惑，那就是發展各種有利於口語表達的方法，但是，卻把書寫會議摘要這件事交給「知識分子」，雖然此舉並非惡意，而是為了追求某種效率和速度，我們一直習慣這種做事方式。按照這種慣性，我們會讓貧困經驗者繼續扮演見證的角色，用生活經驗來闡述，而其他人，所謂受過高等教育的知識分子，繼續扮演解釋、篩選、綜合歸納的角色，繼續在我們和所有公領域或私領域的社會夥伴對話時，掌握話語權。

寫筆記

好幾年來，為了在第四世界平民大學支持書寫的努力，已發展出非常具體的方法。一個黑板和支撐書寫的木製平板，一進地下室，想要記筆記的人都可以拿一個書寫板。因為參與者人數眾多，無法讓每個人都有書桌，書寫板就讓寫筆記成為可能。就這樣，在地下室開始出現檔案夾和個人筆記本，現在這些東西都變得不可或缺。資深「活水成員」的角色變得非常重要，凡爾賽地區的「活水成員」郭堤女士（Gautier）就是其中一位，她定期寫筆記，很長一段時間，她是準備小組裡面唯一一位能夠覆述上次平民大學重點的人。

在地下室，即使教育程度不高，第一批勇於重新提筆書寫的「活水成員」，扮演了非常重要的角色。

比方說，一九八六年十一月，當我們在平民大學針對實驗性的方法進行第一次評估的時候，高登先生（Gaudin）用幽默的語氣解釋道：「你們知道嗎，我就像是學校裡的小朋友，有自己的聯絡簿，晚上，我溫習功課，把功課抄寫得整整齊齊，準備第二天交作業，不然的話，你們想想看，有可能達到學習效果嗎？因為我寫的字像鬼畫符，回到家，我的女兒會幫我訂正，然後我再抄寫到另一本筆記本裡面！」

有一位婦女走得更遠，她說：「我也一樣，我把筆記抄在一張紙上，稍稍閱讀之後，就開始思考，然後再加上眉批，接著，再抄寫一遍。」

一九八八年年底進行評估的時候，

一位年輕的女士解釋道：「我很早就離開學校，這是為什麼我沒學到甚麼東西。我女兒珊塔（Sandara）想跟我一起來，以前，她看我都不出門，現在，她知道我會來這裡，她問我：『媽媽，你去那裏做甚麼？有意思嗎？』我給她看我的筆記本，並跟她解釋。從某方面來說，這也幫她發展自己，因為現在，她也會給我看她的筆記本。我不知道是不是因為我來這裡，我跟她解釋地下室發生的事，我在這裡遇到的人。以前，她都不會給我看她的筆記本或作業簿。」

在地下室記不記筆記是個人的自由。為大家服務的書記在白板上做紀錄，並不斷確認參與者能不能跟上腳步，大家會不斷向他反映，字寫太小，或是白板筆色調太淡。

這個公開紀錄的努力集中大家的精神與注意力，也集中思維，大家也試著去理解別人正在表達的話語。

在參與第四世界平民大學的過程中，大部分人都嘗試過這個書寫的努力。

一九七七年開始，山謝（Sanchez）先生就在地下室做出見證：「對一個大男人來說，學習閱讀和書寫是很非常不容易的，請相信我，因為我很努力在學習閱讀和寫作。為此，我必須先學會自我解嘲，學會微笑。我試著努力不懈，但是，你們知道，當你是一家之主，一堆操煩事，你的腦袋瓜很難專心在學習上面，即使有人在那裏教你，但是你很容易分心。這就是為什麼我們今天學的，明天就還給老師了，因為排解不完的煩惱總是會占上風。我當然希望能夠學習讀寫，我也祝福那些無法閱讀、不會寫字的人可以學會讀書識字。為此，當然要先學會自嘲，學會微笑。我有過一個老師，是我的鄰居，他強迫我每天晚上都去他家學習，整整一年的時間，我當然學了一些東西，但是，即便如此，我還是離終點很遠。」

多年後，其他的「活水成員」也公開表示他們學習讀寫的意願。他們中有一位在電視節目作見證，他所歸屬的伊夫林省的平民大學在一個讀寫委員會的支持下，讓他得以實現讀書識字的夢想。

盟友費阿朗強調，書寫是參與者的重要里程碑。布絲嫚（Buschmann）女士跨越了讀寫的關卡，她已經連續三年參與了平民大學。一九九三年六月，她寫下她的評估：「我學會聆聽其他人，理解他們想要表達的，我也學會記筆記，這樣更容易專注聆聽。我也更加懂得聆聽我的孩子們，了解他們想要表達甚麼對我來說很重要。我也比以前更懂得表達自己。以前在很多人面前講話會讓我有點害怕，我會發抖，現在好一點了，因為我體驗到，其他人都有認真在聽我說話，這鼓勵我繼續講下去。以前，我在地下室都沒在記筆記，所以我甚麼都沒記住。自從我跟一個盟友一起開會，我開始寫紀錄，我發現紀錄很有用，寫的時候，我們會特別專注。我會變得更專心，而且我也更容易記住我們正在做的事。我有一個資料夾，我把我們在地下室做的每一件事都放在裡面。失去筆記要怎麼學習呢？對我來說，筆記和資料夾都是做學問不可或缺的東西，沒有這些工具，我們所做所為都無法留下痕跡，也就失去了意義。」

這裡也要談談西蒙娜女士的資料夾，它們已成為平民大學的一個重要參考架構。日復一日，有整整三年的時間，透過平民大學的參與，西蒙娜女士非常規律地記下對抗赤貧的編年史。這份個人的努力變成對整體的鼓勵，也讓很多來此對話的來賓體驗到大家的認真。

書寫發言稿

有時候，在「地下室」，會建議大家先進行一段個人的書寫，因為這似乎是讓每個人都得以表達的最佳方式，有時候在第一時間，或許還很難說出口。也就是在一九八八年二月十六日，若瑟神父逝世後的兩天，第四世界平民大學建議大家的這段書寫時光就變得不可或缺。自然而然，有需要的人、渴望得到幫助的人可以請旁邊的人幫忙，好讓他的書寫是可以被理解的。那晚的平民大學，大家藉著書寫，讓失去創立人的情緒和苦痛得以抒發，並將之轉化為沉思、想法與投身。

在參與平民大學之前，有些人會花時間，想方設法，透過書寫表達他們的個人思考。

集體書寫

大家的文字書寫都貼在地下室的一面牆上，會議摘要的大字報在平民大學留下痕跡，這是共同完成的工作中比較可見的部分。

此外，第四世界平民大學在地下室的所有對話都已經被錄音並謄寫逐字稿。錄音機就跟紙和筆一樣，都是基本工具。自一九九一年以來，會議紀錄都是由當地的準備小組完成的，大家輪流完成大會的紀錄。在「地下室」說過的所有聲明，在完成閱讀、紀錄、溫習、理解的工作之後，就必須把會議總結輸入電腦裡面。這份摘要會寄給平民大學的所有參與者。杜費盟先生在評估他這些年來在地下室的參與時說道：「我很少閱讀，我不是知識分子。住院時，我讀過法國喜劇演員科魯徹（Coluche）的書，僅此而已。我也讀平民大學的文章，有些時候，我會忘記其他人說過的話，所以閱讀會議紀錄是有幫助的。還有，當我們在電腦上打紀錄的時候，也很有用。如果你從來就沒有碰過電腦鍵盤，會覺得很有意思。」

有些時候，為了不讓任何人在這個集體書寫的過程中被排除，平民大學的書記會在白板上，一個字母一個字母地拼寫每一個字，讓大家都能從頭到尾完全參與進去。對於平常只習慣口頭交流的人來說，當他們感覺到自己也還蠻能寫的時候，書寫就變得更有份量。儘管杜費盟先生說：「我想什麼就說甚麼，都是真心話，不必

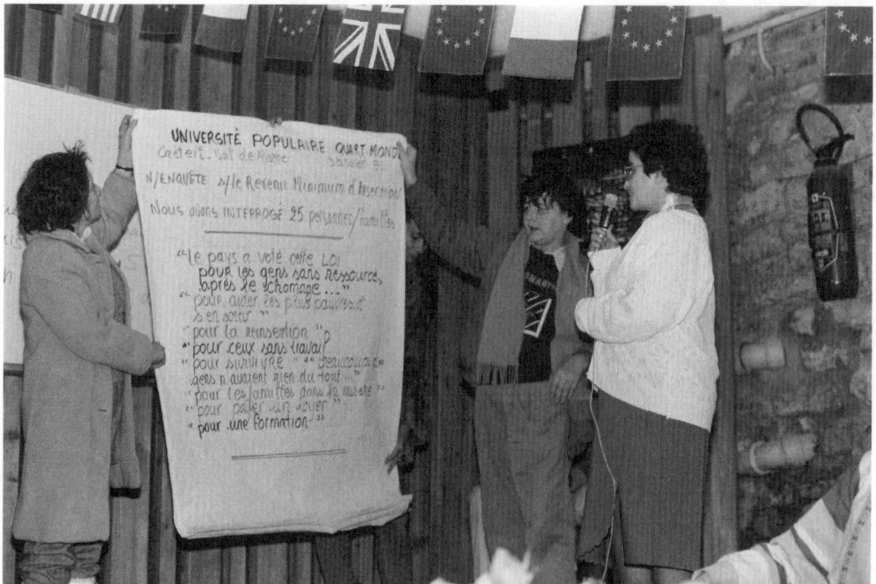

平民大學製作的海報。

事先打草稿。」他還是同意在一九九二年一月，在國民議會所舉辦的平民大學中擔任代表。所有同意擔任代表的人都知道他們不單單只為了自己發聲，因此在公開發言之前必須寫好發言稿，讓其他人先審視過一遍。杜費盟先生沒有閱讀的困難，但是，他承認每次參加完平民大學，他都會因為用腦過多累到不行，寫講稿時所需要的專注力很燒腦。

另一種集體書寫的方式是練習撰寫一篇文稿，例如一九九二年寫給歐洲議會議長的一封公開信。這個議會內部的第四世界小組聚集了各個領域的歐洲議會議員，他們正在想辦法把對抗赤貧列入建設歐洲的議程。

我們建議每個地方的準備小組重新溫習以歐洲為主題的所有討論，以便綜合歸納出一份書面摘要。書寫出來的想法和字句都必須經過所有人的同意，文字的書寫要求用語準確。「困難」、「殘疾」、「國際」等詞必須達成共識，有清楚的闡釋。

主持人扮演著關鍵的角色，才能讓這樣的練習成為一種活潑的腦力激盪，結果也才能令每個人都感到滿意。

六月二號在「地下室」，來自不同地方小組所撰寫的信都被公開朗誦出來，最後決定由大會主持人，也就是雅瑪莉和我，負責這封信的最後編輯，我們以各組已經寫好的信件為基礎，並保留大家的表達方式與筆調。公開信的最終版本於六月二十三號在地下室唸出來給大家聽，大家都同意，所以，可以寄給歐洲議會議長了。而且，我們還決定這封信將是我們六月三十號參加盧森堡第四世界平民大學時的對話基礎，屆時，將有歐洲的官員參與。每個參與者手中都有這封信，我們也給在場的官員一人一份，在這次會面的一開始，我們就公開閱讀了這封信。

鼓勵閱讀

閱讀跟書寫同樣重要，在第四世界平民大學，閱讀的風氣慢慢蔓延開來。一九八七年，多虧持久志願者裴賈妮（Janine Béchet）的幫助，巴黎地下室有了一間圖書室，不僅可以在現場閱讀，還可以借書回去。裴賈妮當時在巴黎推動閱讀，目的是方便赤貧同胞接觸到書籍。圖書室就設在地下室的一個獨立空間，在平民大學啟動前開放給大家。圖書室負責人裴賈妮具有一種吸引大家閱讀的藝術，而且很會說故事，她讓這個空間活絡起來，她跟大家介紹各種書籍和書籍的作者，好像這些作者本來就是每個人親切的好朋友。

西蒙娜女士說：「平民大學教我念了不少書，因為以前，我對讀書一點

52. 譯註：彼得神父（l'Abbé Pierre，一九一二～二〇〇七），天主教神父，慈善家，法國抵抗運動成員，國民議會議員。彼得神父一生致力於救助貧困人群和無家可歸者，為其爭取權益，是法國家喻戶曉的慈善家。

興趣都沒有。一開始，我在地下室借書，現在，我開始買書。我買第四世界出版的書，例如《別碰我父親》，我也買彼得神父（l'Abbé Pierre）[52]和庫希內（Kouchner）[53]的書。以前我不會買書，現在，即使我不會馬上閱讀，但是，我知道它們在，想讀的時候，就可以信手拈來，沉浸在裏面。」

西蒙娜女士充滿熱情地談到在巴黎科學工業城（Cité des sciences et de l'industrie）舉辦的那場第四世界平民大學，打從一九八八年開始，第四世界出版社每年都會在那裏舉辦好幾天的「抗貧書籍博覽會」[54]，除了書展，也會有新書發表會、座談會，以及寫作工作坊。一九九一年那場平民大學就是在這樣的框架下轉移陣地，改到科學工業城舉行的，當時討論的議題是：「書本、知識、未來」。科學工業城的主席，還有文化部負責推廣閱讀的處長都是受邀的嘉賓。在對話的過程中，郭蒂（Gautier）女士公開解釋道：「很多人都以為底層的人不喜歡閱讀，這是錯誤的成見，我們只是沒有資源。」因為她在第四世界舉辦的相關活動中體驗過，所以她也會讀故事書給她的孫女聽。

使用書寫的文本

恢復閱讀後，參與者自動自發的一些創舉讓平民大學的主持人感到歡喜。例如，我們經常談到法國經濟社會理事會投票通過的《赫忍斯基報告》，這篇報告強調赤貧公民的基本人權。有一次「活水成員」胡莎（Houssard）女士從家裡前往市政府辦事，她看到市府公告欄上貼著一篇《世界人權宣言》，正當她專心閱讀這篇宣言時，市府的工作人員問她是否感興

53. 譯註：貝爾納．庫希內（Bernard Kouchner），法國政治家、外交家、醫生，無國界醫生和世界醫生組織創始人之一。
54. 從一九八八年開始，每年第四世界出版社都會籌辦「抗貧圖書日」。從一九九一年起，第四世界與巴黎科學工業城合辦「抗貧書籍博覽會」。

趣，說可以幫她影印一份。胡莎女士手裡拿著那張影印本，一邊想著應該給平民大學所有人一人一張。於是她打電話問我為什麼我們都還沒有這份宣言。在接下來的一場平民大學，應她的要求，每個來參加的人都拿到一張《世界人權宣言》，而且每個小組都收到一張宣言的大海報，讓他們可以張貼在準備小組的討論室。

還有一年，萊吉達（Leguidard）女士在家中《浩瀚宇宙》（*Tout l'univers*）這套百科全書中發現一七八九年頒布的《人權宣言》[55]，於是她在一張大型海報上將它逐字抄下，還帶來平民大學跟大家分享。

現在，第四世界平民大學習慣借助書面資料，無論是書籍、雜誌、文章、法條等，來幫助針對所選定的議題進行思考。這個步驟十分重要，因為你無法想像大學生在大學讀書，卻沒有參考資料、沒有教授開列的書單或文本。在平民大學，知識的嚴謹性並不只是針對赤貧者的教育方法問題，這件事和每一個參與者都有關係。認識文本是戰勝赤貧的武器。例如，我們在準備「當孩子不在我們身邊時，如何守護家庭精神？」這個議題時，藉由研讀一九八四年頒發的社會救助法，許多父母發現他們有權查閱被安置子女的學校聯絡簿，他們也有權利在其他人的陪同下去會見兒童法官……。

持久志願者布麗特（Brigitte Bourcier）對文獻資料的研究工作做了回顧：「今年初，我聽說在平民大學，要逐章探討若瑟神父在法國經濟社會理事會發表的報告書，一開始，我認為這個想法太誇張了，連我自己都還沒讀過，卻被迫要和第四世界的家庭一起深入研究這份文件。但是，最後的結果讓我不敢相信，『活水成員』對這份報告的興趣濃厚，讀得津津有味，和他們一起經歷這一切之後，真的給了我很強的動力去向周圍的人介紹這份報告。」

55. 譯註：《人權和公民權宣言》（*Déclaration des Droits de l'Homme et du Citoyen*，簡稱《人權宣言》，一七八九年八月二十六日頒布）是在法國大革命時期頒布的綱領性文件，最初的起草人是拉法耶特侯爵，他受到了美國人傑佛遜的影響。

上個星期，一個家庭給我看了法國家庭津貼補助局的刊物《幸福》（*Bonheur*），裡面一篇文章談到免費醫療。平民大學在講到「健康」這個議題的時候，提過這件事。我們就拿著這篇文章去拜訪一位從來沒參與過平民大學的人，詢問他對這篇文章的看法。

閱讀成為一種可能之後，最具象徵意義的時刻之一，應該是一九九三年年底，我們在地下室準備了十一本不同種類的書籍，當然全都是新書，每位參與者可以挑選其中一本。有一本立刻被拿光了，那就是字典。樂宮特先生抱著字典驕傲地說：「你們無法想像，我這輩子還不曾擁有過一本字典！」這樣的喜悅，和他鄰居選了一本談論二十世紀的書是一樣的。

溝通方式也要跟得上時代

自一九八九年以來，巴黎「地下室」與其他地方的第四世界平民大學進行了幾次電話交流。之所以會有這樣的跨區交流，都要歸功於理查先生，在某次年度評估時，他說他實在搞不懂，在其他地區明明也有平民大學，可是，我們卻連他們在做什麼都不清楚，還說甚麼我們都是同一個運動！

這些頻繁的電話交流經驗告訴我們，在實際進行溝通的情況下，非常貧窮的人完全有能力為當晚的交流賦予意義，即使只用簡單的一句話。

另一方面，當兩所平民大學討論相同的議題時，一方提供的分享不僅能啟發另一方，還能擴展彼此的視野。現在，歐洲各平民大學之間已建立了持續

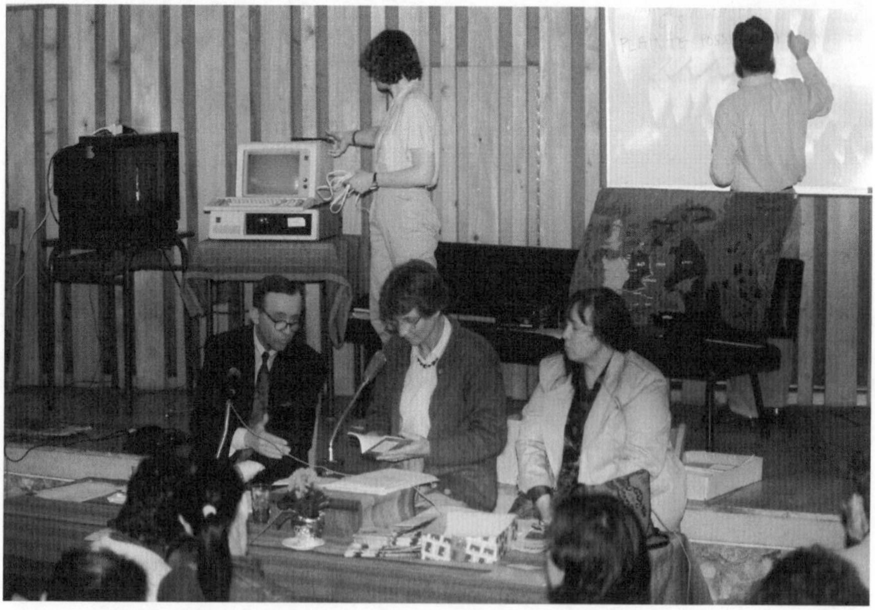

的交流，自然就促成歐洲層級的第四世界平民大學的準備，一九八九年開始，第四世界平民大學每兩年都會在比利時布魯塞爾的歐洲經濟社會委員會舉辦一次[56]。

後來，電腦成為平民大學與準備小組傳遞和接受訊息的最佳管道。

一九九二年，另一種溝通方式被引入平民大學，那就是數據機。雖然數據機在當時的使用不比電話普遍，但網路的優勢，讓我們與各地的第四世界平民大學相互連結，即使彼此舉行平民大學的日期不甚相同。網路也讓我們和世界各地有「活水成員」的地方連結起來，即使他們的聚會不是以平民大學的形式在進行。

在不久的將來，資訊時代的網際網路將成為第四世界平民大學的一部份。

（本章譯者吳新慧、楊淑秀、艾峰）

56. 自一九八九年以來，布魯塞爾歐洲經濟社會委員會的第四世界平民大學每兩年舉辦一次。由法國、比利時、荷蘭、盧森堡、德國、瑞士和英國的第四世界歐洲平民大學籌辦。這讓第四世界的代表團有機會和歐洲的公務員和歐洲的民意代表進行對話。一九八九年討論的議題為「研究歐洲最低收入保障」，一九九一年則是「最貧窮者，建設歐洲的伙伴」。一九九三年：「拒絕赤貧，歐洲新公民的素質。」

第十一章

現在，
我們不再留在陰影中

一九八二年五月十五日，羅素先生初次參與第四世界運動，當時，第四世界為了慶祝創立二十五周年，在布魯塞爾召開了一場「人人均應享有完整的基本權利」的大型活動[57]。那年羅素先生三十五歲，在他家附近帶領街頭圖書館的第四世界成員邀請了他，於是，他與二十六歲的妻子一同出席這次大會。當時他們夫妻倆已有三個小孩，之後又生了兩個。一家七口蝸居在巴黎十六區兩房一廳的社宅，沒有任何舒適可言。平價住宅管理處一直到一九九三年，才給他們的公寓裝設了可以沖澡的空間。

布魯塞爾的大會結束後，羅素夫婦向國際第四世界運動總部提交了一份參與記錄。透過這篇文章，我們能瞥見，羅素先生在往後參與平民大學的整個過程中，一以貫之的分析脈絡。

從布魯塞爾國際大會到巴黎平民大學

在這份參與記錄中，羅素夫婦分享了那天在布魯塞爾的觀察與初步的反思：「看到那麼多人奉獻自己的生命，為其他人所遭遇的赤貧與不公義而奮鬥，很欣慰與感動。這一天和這些投身者在一起受益良多，我們重拾了希望，相信有朝一日，事情會有所改變。

看到他們所做的各種的努力，當然有盼望的理由。當天還有其他組織，像是法國民間救濟會（Secours Populaire），他們請義工擔任接待家庭，讓那些家裡沒有辦法讓孩子去度假的孩童，也能體驗高山、大海與鄉村的風光。

很多時候，我總感覺，社會和政府用盡心機，就是不肯讓非技術工人及失業貧民過上

57. 一九八二年五月十五日，為紀念創立二十五週年，國際第四世界運動在比利時布魯塞爾國家森林音樂廳（Forest National）召開了一場《人人均應享有完整的基本權利》（Pleins droits pour tous les hommes）大會。

適足的生活。我們給他們一份少得可憐的工資，讓他們連養活自己都有問題，讓他們無法買新衣服或尋求醫療照顧，讓他們無法有個像樣的住所或購買像樣的傢俱。

在這樣的情況下，我們不禁認為，在當今這個新社會，只有那些擁有一技之長或擁有文憑的人，才有權利在這種社會政策下生存，而這個政策使用的是排斥的手段，這種情況不知道還會持續多少年。

但願有那麼一天，我們和下一代都能夠過上有尊嚴和正義的生活，戰勝赤貧。」

杜陸喜，時任巴黎平民大學主持人，他回信給羅素夫婦，並邀請他們來參加第四世界平民大學。一九八二年十月，羅素先生開始參與平民大學。當年度討論的議題是「工作」，

中為羅素先生。

這正是他特別關切的主題。而羅素太太則是在幾年之後才開始參加。

一九八二年十月二十六日，羅素先生首次在平民大學發言：「我認為，令我震驚的是，即使拚命幹活，薪水還是這麼低，連養家活口都有困難。就算苦幹實幹，仍然被迫生活在赤貧裡。彷彿大家的目標是要把沒有文憑或沒有一技之長的窮人、以及沒能獲取更好職位的非技術工人通通消滅。」

平民大學，得以分析與理解勞動者生命的平台

多年來，低薪以及無技術工人面臨的嚴峻挑戰，反覆出現在羅素先生的發言中。自從開始參與平民大學，羅素先生會到住家附近的圖書館借書閱讀、思考。然後在妻子的幫助下，開始寫下他的反思。

一九八二年十二月七日，平民大學討論「工人的奮鬥：我們的參與」。在接近尾聲時，羅素先生說道：「今晚的會議，我的確看到了工廠工人團結起來進行抗爭的重要性，以及在企業裡設立工會的重要性。我有個兩個例子，一個發生在一九六一年，當時我在一家企業上班，一位司機同仁試圖建立工會。為了支持他，我幫忙發傳單、製作投票箱。投票結果，工人完全否決了工會，他們全都拒絕成立工會。我當時還年輕，在這方面還沒有一些很具體、明確的主見。

第二個例子，一九六八年大罷工，我在聖德尼（Saint-Denis）的一家工廠工作。那年，我跟著罷工，卻還沒真正意識到這場奮鬥的重要性。為了獲得別人也會得到的好處，我跟著

罷工，還參加了強制停工糾察隊。但是，我當時並沒有足夠清晰的思考，我占領了工廠，以為占領工廠就可以得到食物券，因為當時各地的市政府曾經達成一些協議，沒有收入的罷工者可以領取物資，有東西吃。所以我是為了這個目的去占領工廠。但那時候，我誤解了抗爭的意義，在當下，我沒有考慮那麼多。」

杜陸喜：羅素先生的參與很有意思，他前不久才認識了第四世界運動。

羅素先生：沒錯，在布魯塞爾。

杜陸喜：這幫助您回顧過去經歷的種種。

羅素先生：是的，在聽了罷工期間被攤出來檢討的那些問題後，我現在可以做出比較準確的分析。同時，我也分析自己曾經盲目追隨卻沒有充分理解的東西。

我曾經問過雅瑪莉，為什麼有些人在一開始接觸，就能理解第四世界運動或第四世界平民大學，她答道：「你真的以為我不用花時間嗎？若瑟神父在我十四歲的時候就來到諾瓦集，事實上，我一直到二十九歲才明白一些事。我花了整整十五年的時間！當然，在這之前，我多少也體會了一些道理，我曾經跟那些來到諾瓦集的志願者對話，但是，真正體會到這場人類的解放，是在我搬到愛不累社宅之後。有些人比其他人準備得更充分，或是，天時地利人和，平民大學正好在對的時間出現在他們的生命中。」

時間還是一九八二年，在十二月十四日這天，平民大學的主題是「工人奮鬥史」，一位法國工人民主聯盟（CFDT）的工會成員受邀出席，他提出減少工時作為解決失業問題的辦法。

工會代表：「透過共享工作，有人少幹一點活，少賺一點，就能讓其他沒工作的人有工可做又能賺點錢，這是現在唯一的出路。」

羅素先生回應：「我倒是認為應該要提高工資，人民才繳得起房租，過個像樣的生活。我們被迫去工作，領的錢繳了瓦斯、電費後，只能喝西北風，這太不像話。肚子空空的，哪來的體力在四十米高的屋頂上幹活？餓到兩眼昏花，老闆哪裡在乎。所以，在這場抗爭中，隨著工時減少，領的錢也會變少，現在這樣生活都已經很困難了，如果照您的辦法去做，要活下去更難。」

多年後，羅素先生回憶起他首次在平民大學的發言：「當年，我一拿到麥克風，就不想鬆手，想把麥克風一直留在自己身邊！」

書寫，為了理解與被理解

有一段時間，也許是為了理解自己的過去，羅素先生寫下了自己與社會救助之間的關係。此外，他也用了平民大學建議的問卷，回顧自己的勞動生涯。羅素先生的工作歷程，正如他所寫的，代表著眾多沒有一技之長的百姓所面臨的處境，這些人能夠奉獻的，只剩勇氣和苦力。

問卷：

您有學過一技之長嗎？如何學到的？哪一行？

「我沒有一技之長。我十四歲出社會，開始到處打零工。」

您有從事過不同的行業嗎？哪些工作？

「一九六一年，我開始第一份工作，在一家用木片刨絲製造火種的工廠。我在那裏只待了兩、三個月。我的工作是把機台加工後的一圈圈木片裝在袋子裡面。自從我離開醫療教育中心後，那裡的一位生涯輔導員不時會來看我，在他的建議下，我離開了這家工廠。

第二份工作是在一家處理豬鬃的工廠，處理完的豬鬃可以用來做地板刷。我的工作是把豬鬃放到一台叫做梳洗機的機台裡，注滿水之後，洗掉豬鬃的雜質。即使穿上雨鞋，但雙腳總是泡水裡，有一天，還被螺旋梳刀割傷。我在這家工廠待了大約三個月。

第三份工作是在一家煙囪清掃公司，主要是跟著老闆去清理煙囪管道，但老闆常會拖欠工資，我父親為此激動地要他在三個月內結算我的薪資。

第四份工作是在一家製造溫度計的工廠。這份工作挺好的，但就是在這家工廠，有個送貨司機想成立工會，工人們投了反對票後，老闆把司機和我都開除了。我在這家工廠應該有待上一年左右。

第五份工作是在金屬桶工廠從事機械操作的二級專業工人（OS2）。我一直在這裡工作到一九六九年，在那期間也服了兵役。

二十二歲時，我跟一個朋友一起離開巴黎去到西南部的波爾多，當時我在市集打工。後來因為偷車入獄，被關了七個月。出獄後，我回到巴黎，在一家油漆工廠找到工作。但才短短兩個星期，他們就炒我魷魚，理由是我不懂怎麼調配油漆。我認為主要是因為他們風聞我剛出獄。

接著，我到一家造紙廠當紙卷裝配工，那些紙卷都重達上百公斤。我在這家工廠應該做了七個月左右。

後來，我換到鑄造廠當初級專業鑄鐵工（OS1），值夜班。我申請升為專業鑄鐵工，但公司回覆必須要先拿到鑄造職校的職業能力文憑（CAP）。於是我向公司申請就讀該職校，但公司一直沒有提報出去。三個月後，當我再次提出這個問題時，他們才告訴我已經來不及。

一九七〇年三月，我回到了金屬桶工廠。在那裡，我認識了我第一任妻子。我們結了婚，但很快的，家庭變成了地獄，我不得不在一九七二年辭職。

然後轉到一家貨運公司。我的工作就是從卡車上卸下貨物。在那裡做了四個月後，由於家裡的情況一塌糊塗，工作時，我變得非常不穩定，不得不再辭職。

我又在一家金屬融煉廠找到工作，負責將鋁在熔爐融化後，再熔合其他金屬。後來被指派去當助手，幫忙在模具內安裝型蕊。由於我的家庭問題依然存在，那時我剛失去一個孩子，我在一九七三年九月十八日離開了這家工廠，並在隔天十九號重新回到巴黎那家煙囪清掃公司。一九七八年二月，公司以技術問題為由將我解僱。

有兩個月的時間，我做夜間的保全人員。後來，煙囪清掃公司的老闆寫信給我，說我可以回去他那邊工作。我在這家公司待了九年，卻還只是個煙囪清理助手。即使我盡了最大的努力，依然沒辦法成為正式的技工。一九八〇年五月，我請老闆讓我升為正式技工，他寫信告訴我，他打算幫我取得初級技工的資格。

結論是，我發現自己這二十一年來那麼辛勤工作，卻沒有取得任何專業證明、沒有習得一技之長，唯一穩定不變的，就是繼續生活在赤貧中。努力工作，卻沒能改善自己的生活，也沒辦法存錢來確保自己的家庭有一個舒適安穩的生活。
日子一天天過去，我每天都害怕失去工作，害怕再也找不到工作。擔心自己被擊垮，深怕家人被我拖入瘋狂與死亡的深淵裡。」

能夠在政治、社會與靈修的背景下觀照自己的生命

在此期間，羅素先生發現了《世界人權宣言》。他將宣言所宣揚的理想與自己實際生活之間的鴻溝寫下：受教權、財產權、自由選擇職業權、適足生活權⋯⋯。

他迫切希望看到改變。

一九八三年十一月，他在平民大學上提問：「我們能做什麼？該轉向誰來改變這一切？雇主嗎？還是政府？我覺得政府應該負起責任，不管左派或右派，都沒有為窮人帶來任何改變，要怪政府，他們只為某些社會階層的人謀福，卻從來沒有為最貧窮的人著想。」關心政治的他，呼籲「雇主及資本家們稍微不要那麼自私。」同時他也接受，第四世界平民大學不是一個政治表態的地方，既不親左也不親右，好尊重每個人的思想自由。

一九八六年三月，羅素先生看到電視上的政治演說及政論節目在談論議會選舉，他實在是按捺不住，便寫了一篇文章〈致有權有勢的先生們〉：「你們有什麼建議，好讓我們能夠在你們的社會裡生存，讓每個人都能根據自己的能力生活及發展？如今，你們不再需要我們這些粗工、苦力，你們需要技術人員、知識份子、博學的發明家⋯⋯。」

透過規律參加第四世界平民大學，羅素先生變成一個積極的活動家，他辯才無礙，讓

人難以招架；他義理通達，善於分析，發言內容無可辯駁。大家開始覺得他也太能言善道了吧……例如，一九八五年，平民大學討論到「成家立業」，羅素先生知道自己在講甚麼：「像我這樣一個沒有一技之長的小工，害怕失去工作、擔心付不出房租，害怕孩子被寄養，家庭遭遇到各種困難。這種恐懼幾乎變成一種常態。我父親也是小工，我知道自己在像我女兒這麼大的年紀的時候，大概六、七歲，就已經生活在這種恐懼裡。而且，那時候我們總是吃不飽，自己得想辦法去找食物，要麼去田裡撿馬鈴薯，要麼去撿人家吃剩的麵包。我想這些經歷深深烙印在我身上，讓我變得早熟。當時，我根本無心讀書，一心一意想要工作，想賺點錢貼補家用，更何況在學校，我總是跟不上，成績老是殿後。

走過這一遭，很怕再次經歷，總是擺脫不了這樣的夢魘，正因為我們的童年已飽受磨難，所以更不願意下一代再次經歷、再次承受這一切。

工作對我來說是神聖的，我不想失去工作，努力想要保住飯碗，可惜，不是我說了算，這是最慘的。總有個原因導致我隨時可能丟掉飯碗，不是工廠倒閉、就是裁員、或是發生經濟危機。我們老是生活在這樣的恐懼裡。」

當天受邀的來賓試圖平息這樣的恐懼，但羅素先生沒有因此讓步：「我很抱歉打斷您，當然，既然結婚、想要成家，就是希望跟對方共組家庭。不是只有富貴人家才可以成家立業，養兒育女，窮人也應該能夠這麼做。但是，這一路上面臨的各種阻礙，讓我們感到恐懼。

有錢人荷包滿滿，歲月靜好，他們很清楚，大家不會因為任何芝麻綠豆的小事來責怪他們。而我們這些第四世界子民，無產階級的最底層，只要家裡發生任何一點災難，就全都怪到我們頭上。小孩長頭蝨，就怪我們家裡不衛生。在外界的威脅籠罩下，我們的尊嚴被踐踏，士氣被擊垮，心灰意冷。在這樣的情況下，要怎麼開心過日子？不留生存餘地給我們，叫我們如何能像新婚時那樣滿懷熱望？社工威脅要安置小孩，為了保護孩子，讓人捲起包袱，攜家帶眷，開始流浪。寧可滿世界的跑，最後停留在一個不再有人會來奪走小孩的地方。」

羅素先生不僅表達他對事情的分析，也談起他參與平民大學之後的改變：「與第四世界的相遇，帶給了我希望的價值，從那刻起，儘管生活依然不如意，我仍然重新燃起希望，那是一種信念。如今，我開始和其他人接觸，我在巴黎十六區的教堂結識一群工人伙伴。我雖然受過宗教教育，但是，我一度把這些都拋在腦後。後來透過跟其他人的接觸，我重拾這一切。現在，信仰的熱誠在我內心增長，我的信念也越來越堅定。或許也因為年紀變大，人也比較成熟了，讓我更加重視道德的價值。確實，現在的我感受到與人來往的快

樂，而在這之前，我經常感到孤獨。」

贏得一場內在的勝仗

一九八七年是他生命中的另一個轉捩點，他深刻見證了兩個重要時刻：法國經濟社會理事會表決通過《赫忍斯基報告》，以及十月十七日首次世界拒絕赤貧日，當天，若瑟神父號召了十萬名人權護衛者，在巴黎為赤貧犧牲者立下紀念碑。

在《赫忍斯基報告》中，他找到自己長久以來一直在尋找的東西，就是這個社會在面對長期貧困時應負的責任以及根除赤貧可以採取的各種方法。十月十七日巴黎自由人權廣場的紀念活動，深深烙印在他的生命裡：「對我來說，這代表著底層無產階級的家庭向比較富裕的家庭、向不同生活圈的人做出明確的表達，讓大家理解到赤貧家庭的存在，現在大家必須意識到這一點，傾聽赤貧者，並採取行動，一起戰勝赤貧，讓赤貧節節敗退。現在，我們不再留在陰影中。」

從今以後，他終於可以從童年時期就背負的罪惡感中釋放出來，在平民大學，他嘗試讓那些不是出身赤貧世界的人明白這樣的罪惡感：「你們感受過這種自卑嗎？被當成蠢材這種深刻的自卑？我經歷過，甚至自卑到認為我們家之所以這麼窮，都是我的錯。一九八二年，我認識了第四世界運動，一直到一九八七至一九八八年，我才找回榮譽感。今後，我不會再自卑的說：因為我很笨，不會讀書，所以只能當個小工，再也不會了。這就是我贏得的勝利。」

沒有人喜歡陷在赤貧中，沒有人想要墜落在裡面。」

羅素先生鼓勵我們在平民大學逐章研讀《赫忍斯基報告》，他談到自己的時候，不需要再提出甚麼證明或解釋，現在他經常說「我們第四世界」。

儘管羅素先生與若瑟．赫忍斯基神父並無私交，但神父的離世讓他感到深深的失落。一如雅瑪莉和馬果女士，他心知肚明，自己以及眾多投身在這個運動的「活水成員」，如今要肩負起更多的責任，要繼續若瑟神父已經開始的志業，他是他們中的一員，同樣出身赤貧界。

「活水成員」，人權的護衛者

一九八八年十月十七日，羅素先生代表第四世界家庭在巴黎自由人權廣場發言。他的發言內容，是根據他自己草擬的講稿，然後，我們再一起討論完成的。

「我們為赤貧家庭做見證，他們是赤貧的受害者，一生飽受饑餓與嚴寒之苦，赤貧使得他們骨肉分離，遭受驅逐，流離失所，並因此失去生命。

我們不會在一夕之間死於赤貧，而是終其一生，日復一日受盡磨難。

我們並沒有選擇這樣的生命。

無論如何，每個人都具有基本的、不可剝奪的價值，那構成他生而為人的尊嚴。

對我們來說，所謂的人權，就是滋養生命的各種權利：為了能夠有一個安身立命之處，為了維持一家人的生活、為了養兒育女，所以應該要有工作的權利；為了能夠參與國家的生活，應該有獲取新知的權利。

我們向若瑟神父致敬，是他引領我們走到這裡，是他讓人們理解、友愛和尊重世界各地的赤貧子民。

他讓第四世界獲得認可，我以身為其中一員為榮。是他，恢復了我們的尊嚴。

如同若瑟神父，我們第四世界的家庭，以及所有與我們團結一心的人，都相信赤貧並非宿命。

我們聲明這塊紀念碑所刻印的內容，因為我們經歷過，到現在，這還是我們每天的寫照：『哪裡有人被迫生活在赤貧中，那裡的人權就被忽視、剝奪。』

若瑟神父向經濟社會理事會提出的那份關於長期貧困的報告，是我們的報告。透過這份報告，我們要告訴全世界，生命教導我們的一切。

我們不要自己的下一代再次經歷同樣的遭遇。

因此，我們將竭盡所能，和那些支持我們的人，讓該報告提出的建議得以執行，不僅在歐洲，也在全世界。

是的，我們要團結起來，把正義與尊嚴獻給全人類，是的，這是一項神聖的義務。」

透過共同陶成維護家庭的平衡

今後，羅素先生將鼓勵妻子一起來參加平民大學。對羅素女士來說，她得摸索出一個平衡點，因為在丈夫身旁，要找到自己的位子並不容易。她坦言：「他和第四世界已經墜入愛河了。」

一九八九年八月，夫妻倆有機會一起參與第四世界國際代表團，前往羅馬會晤教宗若望保祿二世。羅素先生邀請教宗到國際第四世界運動總部梅里（Méry-sur-Oise）若瑟神父的墓前。

之後，各種活動一場接一場。羅素先生與另外兩名巴黎平民大學的代表一起準備在康城舉辦的一場學術研討會，他報告了這些年來，他閱讀過的窮人歷史，穿越了好幾個世紀。他重新閱讀了若瑟神父在索邦大學的那場演講，當時，神父對大學提出追問。羅素先生也參加了歐洲層級的第四世界平民大學。

他已多次要求成為第四世界的志願者。這段時間，他的請求更加明確：他從中觀察到的，是自己這些年來的意識覺醒、他個人的奮鬥，並反思他個人對第四世界的付出之所以成效不彰的原因。他的妻子憂心跟不上他的腳步，因為這需要很大的自由度，更令她擔心的是，每天要和志願者相處，而大多數的志願者並非來自赤貧界。因此，羅素先生的要求就暫時擱置了。

一九九〇年七月，他們夫妻倆一起參與在皮爾耶進行的平民大學籌備小組培訓研習會。會議開始的前兩天，羅素先生再度經歷童年時期的學習障礙，他開始對自己的學習能力感到沮喪：「每個人都預備好要分享自己的知識，這點我同意。但是，知識的吸收有時候是會短路的。即使我盡了最大的努力，刻苦學習、認真練習，可是，要學會並記住別人所教的東西，依舊是困難重重。即使想破頭，我還是不明白，要如何突破這個障礙，要怎樣才能學會並牢記所學，使自己脫貧？一旦我成功脫貧了，我就可以教給別人，否則我根本無法學習。」

和研習會的其他參與者一樣，他探索並領會到自己其實有能力學習。自此之後，他開始在平民大學做筆記，之前，他總是說記筆記會讓他無法全心參與。後來，他話變少了，他把發言機會讓給新朋友，但，只要發言，他總能切中主題。

除此之外，他也在自己的職場投身。他在一九九一年的年度個人評估中寫道：「自從參與了平民大學，我更能護衛自己。雖然以前也嘗試過護衛自己的權利，但，現在，我的表達內容與方式不一樣了，思考也成熟了。從前我默默承受，現在，我的發聲更有力，有了更明顯的效果。我可以運用所學，我在職場能夠為其他移工發聲，因為他們不懂得如何表達。我代表其他人發聲，與老闆交談。以前，我也曾經結結巴巴，無法把事理講清楚。」

因為歸屬於第四世界感到自豪，不斷往前邁進

一九九二年，羅素夫婦倆參加了一場研究赫忍斯基思想的研討會，我們無法在這裡將他的發言一一列舉，但是，有必要節錄幾段話，讓讀者有機會理解到一名「活水成員」和若瑟神父的思想交鋒之後，令人驚嘆的深度。以下節錄的片段來自好幾場不同的會議：

「如果外界的人只給貧窮家庭帶來物質方面的協助，不會走得很遠。有人可能會說：這些實質的幫助還是很有用啊，這些行動十分具體，但是，如果你用人與人的關係來看這件事，你會發現這類幫助沒有造成實質的改變。

必須有一種互相看待的眼光，讓雙方站在同樣的高度，沒有誰是次等的。我們都站在同

樣的高度，每個人都有學習的能力。

我會說貧窮是一種價值，雖然無法擁有奢侈的享受，不過，還是能夠體面過日子，志願者就是生活在這樣的貧窮中。我們則是生活在赤貧裡面，這讓志願者可以理解我們，並向有錢人解釋我們過的是甚麼樣的生活。那些讓自己過貧窮生活的志願者有辦法跟兩個世界溝通，他們可以理解窮人，並向有錢人解釋。重點不是生活水平的比較，重點是相互理解。志願者應該讓有錢人了解這些共通的價值，告訴他們：這些人應該要能過上適足的生活，應該回應他們要求的權利：工作、健康、職業訓練等。

我沒有說有錢人應該變成窮人，我說，在一個社會裡，每個人都應該獲得他應有的各種權利，過家庭生活的權利，生病獲得照顧的權利，有適足的衣服可穿，有地方可住，有工可做，有機會接受陶成。這些都是一個人活在世間的基本人權，每個人都應該擁有。這樣一來，我們不必再去看誰有一艘船，或是有一架私人飛機。

身為窮人沒甚麼好丟臉的，這讓志願者可以跟有錢人保持連結，我們這些生活在極端貧窮裡的艱苦人，羞愧的感覺一直黏著我們不放，就是我們身上有著跟赤貧相連的一切：髒亂、汙垢，生活的各種難關，抓破頭皮還是找不到辦法。但是，你們志願者，你們不會有這種自卑感。別人會聽你們說話，因為你們沒有自卑感。

就像蓋洛先生（Garaud）在巴黎第四世界平民大學說過的，沒餓過的人就不知道麵包的滋味。

只要一個人繼續生活在自卑中，就沒辦法成就甚麼。只要我繼續因為自己的赤貧感到自卑，我就甚麼也不能做。但是，現在，我已經比較放鬆了，不會像以前那麼退縮了，現在，我的生活有了目標，我為自己的生命找到意義。

能夠向別人指出自己的能力，這是我們的自豪。以前，我一定不敢跟一個有錢人講話。現在，我向每個生活圈的人開放自己。我可以跟法蘭西總統講話，就像跟任何人一樣，我有了一個更大的自信，那是我原本無法想像的。

一旦眼界不再只侷限於自己的貧窮，我們就可以走向其他更貧窮的人。

諾瓦集貧困區的人，包括志願者、盟友和家庭，他們不分彼此，一同創建了一些事物：每個人都有產出。如果在這個社會裡，我們也這麼做，富人與窮人不分你我，同心協力，我們就可以一起成長，自卑與排斥就沒有存在的餘地。大家會說，我們都是同胞，一起合作，就像在諾瓦集貧困區那樣，他們一起打造了婦女中心、幼兒園……。

可以說，赤貧已經在諾瓦集被擊潰，那裡是一個為人權而戰的地方，如果對一小部份的人都可能了，窮人與富人一起，那麼在普天下都是有可能的。在諾瓦集所實現的，可以獻給這個世界。」

羅素夫婦未曾住過諾瓦集，但他們意識到，這裡所締造的一切，都必須被認識及認肯。

一九九二年九月，羅素先生換了工作，原本待了十八年的公司將他解雇。他去上了消防安全培訓，成為一名保全。由於幾乎都是上夜班，他無法規律參與平民大學，而且他時常被喚去幫忙代班，但他不懂得拒絕。一開始，因為接受過培訓，他還挺滿意這份新工作，但是幾個月過去，他發覺到，自己得二十四小時隨傳隨到，從禮拜一到禮拜天都是如此。

發言、解釋、說服

一九九二年十月，第四世界運動受邀在法國天主教工會聯盟（CFTC）的大會上就「捍衛生命」發表談話，地點在巴黎互助宮（La Mutualité）。羅素先生與我輪流發言。

羅素先生挑了幾個他特別關注的面向：為什麼一個人活到四十歲卻還沒有取得專業證照。他向大家說明了失學的經驗，接著不斷換工作，試圖多賺點錢養家，一直到健康每況愈下：「沒被僱用的時候，真的是能做什麼就做甚麼，撿破銅爛鐵，回收紙箱，或是去當臨時工。這就是為什麼，我們向各位工會代表們發出呼籲，請和雇主們協調，讓他們僱用我們，但，不是那種臨時的約聘人員。也請讓其他工人明白，我們不比別人低下，我們和我們的家庭，跟大家一樣，都有同樣的生存權。」

羅素先生認識社區附近的乞討者，他準備好要支援安海蓮（Marie-Christine Hendrickx），一名經常在巴黎拜訪街友的持久志願者，她希望能和這些生活在街頭的朋友成立一個平民大學籌備小組，就像布魯塞爾中央火車站的小組那樣。但羅素先生礙於工作排班不穩定，無法有自由支配的時間。

一九九三年四月，羅素先生與妻子，應邀到沙特爾（Chartres）與大學生對話。當晚，羅素先生繼續談到他最喜愛的話題：「我們見證了社會的某種性格，雇主會說：『我當然要累積資本。』所以，我很想知道，你們年輕人，未來有機會領導這個世界，你們能不能接受一份較低的薪資？當然這份薪資足以讓你們的家庭過上適足的生活。還有，如果一個非技術工人賺的錢和你們一樣，你們可以接受嗎？你們可能會想：『可是，我們是讀書人，受過高等教育，應該要領取更高的薪水才對。』這樣說，就表示自己高人一等，這就意味著你們不承認每個人都有同樣的生存權，都有安居樂業的權利。只有當大家都努力分享，願意共生共榮，赤貧才有可能被摧毀。」

有人問他，投身對抗赤貧與信仰之間的關聯，羅素先生回答：「我與信仰之間的聯結，來自於若瑟神父相信每個人都有能力成就一些事情，事實上，這就是基督看待每個人的眼光，深知每個人都有其基本價值，人就是人，沒有誰是次等人，生而為人，就應該擁有所有的權利。基本人權，就是過家庭生活的權利、接受職業訓練的權利，學習的權利、工作的權利，這些都是生命的基本需求。

若瑟神父凝聚眾生，團結了千千萬萬個孩子、千千萬萬個女人和男人，他們分屬不同的宗教信仰、來自不同的種族，也有一些沒有信教的人，他們全都團結起來，一心想要戰勝赤貧。這就是基督所做的，對抗赤貧，因為他想讓富人明白，不該把窮人當作毒瘤或瘟疫般棄絕，而是要讓他們活得像個人。因為，如果愛一個人，就不希望對方受苦，如果愛人如己，就不願意苦難臨到他們身上。」

接著，羅素先生希望學生能夠理解，對抗赤貧必須透過政治決策：「在個人層次，我們已經展開一些具體行動，接下來，當然，在一些協會，我們可以發言。但是，必須集結更多人，才有力量，才能讓若瑟．赫忍斯基神父提出來的《極端貧窮與經濟社會的不穩定》報告書得以執行，這篇報告在一九八七年投票通過，該報告建議要擬定一部基本法，用來對抗赤貧。如果我們想辦法讓《赫忍斯基報告》得以執行，我們就真的能夠摧毀赤貧，而不是只做半套，頭痛醫頭。如果能夠實現，這將是一個重大進展，除此之外，我無法想像其他的出路。

為了改善現況，不能說我們只履行這份報告中的一小部份。以融入社會的最低收入保障（RMI）為例，大家可能會說：『現在你們有最低收入保障了，可以閉嘴啦，現在口袋裡有錢了，所以別再嚷著說你們窮到沒飯吃。』不是這樣的，我們要求融入社會的最低收入，是為了得到物質方面的穩定與保障，讓我們有條件出門找工作，不需要在垃圾堆裡翻找食物，有條件可以拒絕那些因為我們沒錢就隨便給我們安排的住所。讓我們能夠接受培訓，而且不是現行這些對就業毫無幫助的訓練課程。失業者被安排一些就業輔導，只是為了避免檯面上出現五百萬個失業人口。可是上完課，卻沒有雇主願意聘用他們，因為職訓班裡教的技能，並不符合就業市場的需要。」

最後，有人問他每個人的個別責任，當然也包括生活在赤貧中的人自己應該承擔的責任，他先做了一個比較全面的解釋，為了確定大家能夠充分理解，他以自己為例：「到底是甚麼原因讓我放下酒瓶，甚至把菸也戒了？是因為我去參加了第四世界平民大學。我在那裏學到，我不必因為自己是個窮人而感到自卑，沒有才能，不代表我沒有用，因為在我背後有一個社會系統。不只是我個人有錯，整個社會，每個老闆，那些決策者，也都有一部分的錯。當我理解到，為什麼我會成為一個沒有一技之長的小工，當我在這個社會取得一個位子，我就放下酒瓶了。不是每個人都有辦法成為知識分子…不是每個人都有辦法當老闆…那些沒辦法取得這些位子的人，還是有權利工作。要為他們保留工作的權利，而且勞動與報酬要相符，才能夠讓他們體面地養活一家人。我堅持下來，沒有被打倒，是因為我想活著，我不想讓其他人說：你是個沒用的傢伙。而且我意識到，我本來可以好好學習的，我在建築業做了十九年粗工之後被資遣。後來我接受了消防安全的訓練，取得了證照。如果我得到這個證照，那意味著我本來可以學習其他技能，如果有人早點告訴我：你跟其他人沒有兩樣，你是有能力的。」

第十二章

貼近生活的大學

在這本書的中文版問世之際，第四世界平民大學已持續了近半世紀，因為不僅貼近參與者的生活，也融入世界的脈動。

馬果女士、李果女士以及羅素先生在本書跟我們分享的旅程，是平民大學提出的反思與生活環境之間不斷互動的實例。整合的功夫對每個人來說都是真的，每位參與者皆可自由決定是否要把自己在平民大學的發現與學習運用到實際生活中。第四世界平民大學作為對抗赤貧的路徑之一，責任不僅在個人也在集體。

生命即教導

因為赤貧者的大學緊貼著生活，他們一直教導我們，想要為正義和自由而戰，就必須無條件尊重每一個人。

對那些想要知道怎麼對抗赤貧的人來說，赤貧者一直是第四世界平民大學的活水源頭，他們親自以生命提供教導。因此，這位來自克雷市的女士能夠在地下室表達出這樣的恐懼，那是許多父母共同的遭遇，一直存在，而且是最不公義的眾多焦慮之一：「每當警車經過家門前，我們都會害怕，心裡想著：『完了，輪到我們了，他們要來帶走孩子了，完了。』儘管虛驚一場，只不過是日常的巡邏，但我們一直生活在恐懼中。累積到一定程度，我落入完全的黑暗中，不知如何避免這種恐懼。外出添購日用時，也會很不安的告訴自己：『法院會派執達員來，房子要被查封了，妳跟孩子要被趕出門了，哦，不，還會有警官、有社工，以及一堆要來帶走孩子的人……』」

怎麼可能不提克雷市的另一位「活水成員」古雅德女士（Guyader）。她於一九九一年離世，享年四十歲，官方給的死因是病逝。事實上，她的孩子被帶走才是最致命的原因。

在平民大學，我們勉勵大家超越個人見證的層次，即使個人的見證經常打動其他參與者，卻很難成為共同思考的基礎。當一個人懂得從一件事實中得出結論並汲取教訓，當他能夠把自己的經驗聯結到其他事實，讓大家對事情的全貌有較周全的理解，那麼他的發聲對所有人就起了積極的作用。

在某次平民大學，一位來自諾瓦集的女士表達了憤慨，她氣自己無法讓那些採訪記者明白自己想傳達的意思：「這些人去到我家。他們實在不應該把我們諾瓦集的人當傻瓜。最讓我厭惡的是他們到家裡東看西看。他們在諾瓦集

所拍攝的，是破爛的窗簾，他們在這些不太好的東西上面大做文章，其他東西連看都不看一眼。我們做了什麼、整個貧民區開始在兒童文化工作坊所進行的一切，他們一概視若無睹。他們不看這裡的人做得很好的一面，只著眼於那些破舊的東西。我沒辦法認同他們只想展示不好的一面，為什麼他們不願意讓觀眾看到，窮人是多麼努力想站起來，我無法理解。」

在另一場平民大學，輪到巴友先生（Baillou）談談諾瓦集成立的這個「家庭與社會促進中心」。他有點像是一個智者，向大家傳達他對自己的生命以及他對貧困區的了解，而這樣的表達不見得非得透過個人的例子：「諾瓦集成為一些人的跳板，這些人過去長期流浪、或生活在廉價旅館，這些居無定所的經驗，很容易讓一個人在突然生病或失業

的時候，流落街頭。

如果沒有穩定的收入，每天都在為下一餐煩惱，就必須承認自己徹底與現實世界脫節，跟別人生活在完全不同的世界裡，不過，來到諾瓦集，我們重新學習過團體生活、交朋友。我認為諾瓦集好比一塊跳板，幫助我們回歸社會，但待在這裡並非長久之計。自己情況改善後，必須重返大環境，讓位給其他更有需要的家庭。但是，一旦與外界隔絕太久，要再融入社會很不容易，因為人很容易養成習慣，而且不常是好習慣。在諾瓦集，能讓我們重新振作、重返社會，因為一個人倘若離群索居，很容易封閉自己，成天關在家裡，自成一個圈圈。在諾瓦集，不是說每天都能說說笑笑，但在這裡我們至少能跟別人保持連結。

不過，我想說的重點是，很可惜，像諾瓦集這樣的地方，（在法國）並不是每個省份都有。」

個人的醒悟和參與

是什麼樣的轉折讓人有朝一日能夠採取行動、用適切的話語表達，並且對自己和他人展現必要的信心？這牽涉到各種因素，但平民大學所帶來的激勵往往非常關鍵。例如，赤貧者常因各式各樣的理由喪失投票的權利：因為市政府將他們從選舉人名冊除名、或者行政單位沒有追蹤更新個人通訊資料、又或者本人因為不知情，沒有走完投票必要的流程。選舉期間，無論是地方首長、民意代表、總統或是歐洲層級的選舉，巴黎平民大學都會就選舉的利害關係納入議程規劃，以便一起研究與理解選情。就在平民大學討論投票權的幾周後，有位非常貧困的男人很自豪地向大家展示了他的選民證，他費了一番功夫才拿到的。

一九七五年，彼得先生在平民大學向大家說明他對自己的覺察：「我真正感興趣的是，我長知識了。你們也許會覺得奇怪，但我真的長知識了。聽大家說話、跟大家見面……坦白說，多虧平民大學，雖然我沒受過多少教育，但在這裡我學得越多，我的生活就發生越多改變。精神上更豐富了，也意識到自己的責任。」

一九七七年五月，彼得先生跟大家解釋他如何將自己在平民大學所學到的運用在實際生活中：「目前，我有一個參與工會的經驗，某種程度，我要感謝大家、感謝平民大學和第四世界，這點相當關鍵。多虧第四世界和平民大學，在這個地下室所展開的奮鬥，讓我開竅，想通了。一、兩年前的一場會議上，一位工會代表來到我們中間，她讓我們明白，不管是不是第四世界的人，都可以展開抗爭。自從我加入工會，並且在公司被推舉為代表，擔負一些責任，我意識到絕大多數的工人都不認識自己的權利。

如果沒有平民大學、沒有凡爾賽貧困區的伙伴們，我現在可能還在讀《醜小鴨》，然後就這樣過一生。平民大學幫助我站出來奮鬥，我告訴自己：老兄，過去確實美好，但趁你還年輕，必須向前看。為了孩子，你必須向前看，如果你不這麼做，下一代會跟你一樣。我才不想讓小孩像我這樣，所以我得向前看。平民大學教會我如何拚搏、奮鬥。借助我從大家身上學到的經驗，我也努力幫助身邊的朋友，跟他們一起奮鬥。不過，在公司就沒那麼容易了，當然需要額外耗上好幾個小時，但必須清楚自己要甚麼。」

彼得先生（Pierre）參與平民大學十年之久。一九九四年我們與他重逢，當時他四十九歲，已經喪偶兩年，六個孩子中有兩個仍跟他同住，他依然積極參與工會並擔任工會會員代表。在他家有一個很大的書櫃，他說：「我一直在自學，不斷學習、一直在學習，但現在我沒那麼多時間……。」他回想起以前在皮爾耶與若瑟神父一起召開的各種會議：「他讓我覺悟到，不應該抱著受助者的心態，每個人都應該為自己負起責任，這對我的生活幫助很大。過去我一直在奮鬥，如今也是。在工會奮鬥，某種程度可說是最初努力的延續。」

參與平民大學很多年之後，理查先生終於找到合適的詞語來表達他是如何踏上為己為人的奮鬥旅程：「當年，我真的很痛苦，已經深陷貧困的谷底。有天，喬安東來找我；他向我說明第四世界的起源還有若瑟神父是誰等等，他跟我談到諾瓦集貧困區。對我來說，諾瓦集，那根本就是地球的盡頭。我跟他說：『不可能，不會有人比我更慘。』後來有一天，喬安東告訴我：『聽著，理查，跟我來，你自己去瞧瞧，我帶你去看看一些家庭，你再下定論。』從那時候開始，我觀照自己，回頭看了看，並告訴自己：『的確，有人比我更不幸，我竟然還在抱怨！』從那刻起，我繼續跟著喬安東，我受到激勵。有一天，喬安東對我說：『聽著，我帶你去運動的總部皮爾耶。』他把我介紹給若瑟神父。就在那時，我開始了解，的確，我可以靠自己走出來，同時感受到有人在我身後支持著我。你們明白我的意思嗎？從那時起，我成功地沿著深谷的斜坡往上爬，也幫助其他人往上爬。」

自信往往需要很多時間才能建立起來。有時，必須在平民大學這種安全的環境中練習好幾年，才有勇氣面對其他場合。在一次個人評估會議上，柯萍女士（Copin）表示：「在這裡，我們有辦法發聲。在巴黎的地下室，我們能夠好好交流、對話，但在其他場合，就說不出話來。比方說到社服單位，喉嚨就像被卡住一樣，說不出話來，即使腦袋有話要說，但面對辦事人員，就是講不出話來。然後就憋在心裡，變得很封閉。有些人只要在太嚴肅的氣氛中，就說不出話來。」

有了意識覺醒並開始採取行動以改變自己的生活，但是，也必須有一些積極主動的創舉來形成拒絕赤貧的潮流。例如，一九八九年十一月二十八日，樂宮特先生（Lecointe）在平民大學宣布：「幾天前，也就是二十三號，一個代表團在愛麗舍宮向法國總統遞交了《第四世界陳情書》。我則用自己的方式跟別人介紹這份陳情書，我去到住家附近的市政府，找到市長的機要秘書，雖然市長不在，他當時在國民議會，但他也和總統密特朗先生在同一時間拿到了《第四世界陳情書》！」

美籍持久志願者德素宜（Suzie Devins）在她的平民大學年度評估中提到：「第四世界的人告訴我，他們利用《第四世界陳情書》所做的一切時，我讚嘆不已。於是，我也將陳情書連賣帶送，這個方法也帶來一些成效。例如，一位美國教會的牧師娘，每次乘地鐵時，都會拿出陳情書，好讓更多人看見她正在閱讀這份文件……。」

一位盟友蒙妮女士（Monnier）在平民大學分享她最近在市政府採取的做法：「幾年前，我沒想過藉由人權來捍衛家庭，最近，因為先前有個家庭非法居住在公有住宅，我去了趟市政府要談談這個家庭的安置問題。市政府的人告訴我：『這個家庭侵犯公有財產，我們不可能安置他們。』在那當下，我回他：『您難道沒想過，不給這個家庭一個合宜的住處才是侵犯人權嗎？』以前，我不會這樣想，但是，跟那些來到平民大學的家庭相處，我們接受新的想法，聽取不同的聲音，這都促使我們更積極。」

一位醫生盟友在她的個人評估中寫道：「正因為平民大學，我才敢在法國婦幼醫師公會的大會上公開談論第四世界的健康問題。」

一位物理學家，在參與第四世界平民大學兩年後，和他的朋友在他們所在的城市舉辦了一場關於赤貧與人權的公開講座。

一位教師則寫道：「我相信，在內心深處，赤貧激起我的憤慨，然而同時也令我感到恐懼。可以說，很可能就是為了消除這種愚蠢的恐懼，我想要來平民大學。提到這些，我覺得有點羞愧，但不幸的是，對赤貧的恐懼是一個活生生的事實，就好像在一個惡性循環裡，這樣的恐懼只會再次導致赤貧。

目前，我主要是在思考自己在社會中的定位，這也是我想參加平民大學的原因之一。對我來說，很顯然的，身為一名教師，我沒有權利對周圍的苦難視而不見，但僅僅看到是不夠的，還必須理解。我依然認為，學校應該為最貧窮的孩童服務，不幸的是，他們的家庭跟教育體制的關係卻是斷裂的。

所以，我覺得有必要把自己放在另一個環境，學習用不同的眼光看待事物，以便更理解某些情況。」

學習，為了改善生活

在平民大學，大家經常分享各地的準備小組為了具體實現拒絕赤貧而主動採取的各種行動。例如，一九八二年二月，史坦市（Stains）的「活水成員」德昂女士（Derain）解釋：「昨天我們集合了十幾個人去平價住宅管理處的辦公室遞送請願書，接著又去了省政府。這一切都是為了一個即將被拆除的貧民區請願，這個地方正一點一滴被封閉，剩下來的人不曉得何去何從。裡面一共還有一〇三戶，有九十六個人簽署請願書。」

同一晚，一位來自巴黎的女士舉了另一個集體行動的例子：「我們這群來自十三及十四區的成年人定期開會，為了護衛自己和最貧窮者的權利。我們知道，很多人的家庭津貼出現發放延誤、中斷或被扣減。我們發給大家津貼延誤調查表，並得到了回覆。調查的目的，是要盡可能收集足夠的事實及證據，來幫助家庭津貼局的辦事人員更理解我們的生活。而且，我們準備好要去和他們會面。」

與平民大學同步採取的行動不可勝數：為一個被房東趕出門的家庭辯護、為一些居住在馬恩河邊的年輕夫婦能夠得到安置而努力，為一個被趕出村子的家庭奮鬥、支援父母避免他們的孩子被寄養、支持一個官司纏身的母親、替一個無家可歸者說話……有時一場奮鬥得持續數年之久。一九九〇年十一月，杜費盟先生第一次在平民大學談到他和他的大舅子一起進行的奮鬥。他的大舅子幫忙看守一個農場，農場主人自己搬走後，就將水電切斷。一九九二年四月二十一日，平民大學談到「正義」，杜費盟先生向大家介紹他舅嫂子，她第一次來到平民大學：「我和我太太以及兩位持久志願者史薇（Sylvie）和貝娜蒂（Bénédicte），我們拚命在幫他們找房子，因為他們住在一個相當破舊的農場裡。他們在農場工作了十八年，因為豬隻染病，老闆將農場關了，他告訴我大舅子：『現在，你自己看著辦吧，我走人了。』然後，他把水電都給切斷了。他們購物得走三公里遠。我、貝娜蒂和社工，想辦法向自來水公司申請恢復供水。」一九九二年十一月二十四日，杜費盟先生終於在平民大學跟大家宣布這個家庭找到房子的好消息：「我們贏了！他們終於申請到社會住宅了。雖然遇到不少困難，但還是謝謝大家！」

我們無法在此一一列出第四世界平民大學參與者所採取的一切團結關懷的行動。二十年來，這些行動是平民大學合乎邏輯的延續，學以致用才是學習的真諦。如果光說不練，我們就有權質疑，對赤貧者及其他參與者來說，這些學習和陶成是否有任何用處。所謂知行合一，在準備小組裡，議題的思考與實際做出改變的行動是分不開的，因此，第四世界平民大學的主持人自己也必須是積極展開行動的人。但主持人必須謹記在心，要知道甚麼時候該做甚麼事；例如，不要把準備平民大學的時間，用來替一個赤貧家庭修繕房屋。果真如此，就是把一時的紓困救急再度取代需要長期累積的工作。不過，這兩個面向密切相關，這無疑是第四世界平民大學在過去這麼多年來獲取的最美好的成就之一。

平民大學強調並重視為別人奮鬥的精神，此舉不是為了從已採取的行動中歸納出一套方法學，而是為了理解該行動是如何推進的，以便讓每個人都能從中受益。

凡爾賽的「活水成員」經常講述這種行動的推進過程，並且啟發了很多人。卡巴齊（Bachir Khaldi）在平民大學為此做見證：「我們最近在凡爾賽幫助一個家庭獲得重新安置。這證明有些『活水成員』理解了在這裡學習到的知識，而且懂得怎麼去運用。我參與平民大學已經十年了，我想說，我們是聰明的，因為在這裡獲得了知識，學到了就是你的，要好好用出來。因為理解，所以可以向前走。」

因為理解，也因為其他人對我們的信任，所以可以向前走；這份信任，不僅體現在精神上，也體現在被賦予的責任上。若瑟神父在一九七八年呼籲第四世界「活水成員」持久投身，以便充分承擔他們在第四世界凝聚眾生以及發聲的重責大任。當時也在場的杜陸喜說道：「康城的持久志願者團隊準備交棒的那段時間，有天晚上若瑟神父問樂寇海和雷芳娑

（Françoise Raynald）：『你們為什麼不接棒呢？』一週後，事情就交辦好了。這就是對人賦予責任。

大家必須看看康城當時為巴黎平民大學帶來的各種貢獻。他們以令人難以置信的方式為巴黎的平民大學注入活力，特別是透過對他們在自己的社區所進行的調查。」樂寇海這樣看待自己作為「活水成員」在第四世界全職投身的角色：「我的職責是根據議題與家庭一起準備平民大學，這樣一來，我們能夠帶出一些內容與其他人交流。在平民大學會後，我們再根據大家在會中所表達的以及所發生的事情，進行思考，之後在自己的社區運用這些知識。」

從地下室發出來的聲音

源於第四世界平民大學的積極投身不僅表現在團結關懷的行動，也包含意識覺醒、相互陶成，並運用到第四世界的代表能夠發生影響力的各種情境中。巴黎平民大學思考並參與撰寫能夠代表第四世界的文件，例如，最近完成了提交給國家人權諮詢委員會的《赤貧與人權》報告書，這份報告收錄了杜費盟先生的姊夫所遭遇的情況，以及其他二十多件類似的案例，每個案例皆附上分析與建議。

第四世界運動與各地的平民大學共同參與「融入社會的基本收入法」的起草及評估，並會晤了法國社會事務部部長艾文（Evin），而融入社會的基本收入法評估委員會主席范倫貝先生（Vanlerenberghe）也出席了平民大學。對此，十分值注意的是，經歷過赤貧的人常有先見之明，他們對於國家應該採取的策略經常領先於他們的時代。一九七七年四月五日，也就是早在融入的基本收入法出台的十多年前，克雷市第四世界的「活水成員」戴桑蕊女士（Desandré）在巴黎平民大學已鄭重地表示：「我向大家請求，至少立個法，讓每個人都能享有最低的生活薪資，一份合理的薪資，讓我們至少有權生活、買衣服、外出及付房租。」

近年來，因著在巴黎自由人權廣場為赤貧犧牲者立下的紀念碑，參與巴黎平民大學的「活水成員」越來越敢公開發言，站出來的人數顯著增加。

他們的每句話都發自個人具體的生命經驗，而這些個別經驗在平民大學被其他人的經驗的滋潤後，變得更豐富，並且具有代表性。

不管是在學術研討會、各類代表大會、演講座談、簡報會議、廣播及

法國國民議會。

電視節目中發言或演說，每一次受邀都是給第四世界一個被聽到的機會。通過公開發言的練習、加入代表團，第四世界作為一個運動而非社會團體之所以令人驚豔，是因為他帶來的訊息讓人眼睛一亮。

早在一九八〇年，若瑟神父就鼓勵「活水成員」讓自己的聲音在平民大學以外的地方被聽見。例如，在凡爾賽舉行的一場座談會，八百個與會者當中有一百個來自第四世界，事後，若瑟神父在和大家匯報這場座談會時說道：「那晚會議的幕後功臣是第四世界的家庭，他們傾訴、回顧了自己的奮鬥與期望。在聆聽他們的分享後，我認為我們應該多辦一些公開演講，像之前在克雷市、瓦茲橋市（Pontoise）和諾瓦集辦過的聚會那樣，讓家庭可以發言。我觀察到最特別的地方是邏輯性，他們沒有離題，而是忠於自己事前已經決定的發言內容。」

每一個第四世界平民大學的參與者，總有一天會被邀請去做見證、向外界傳達他在這裡學到的知識，不過，這個使命並不容易達成。一位擔任資訊工程師的盟友跟我們分享原因：「若瑟神父讓最貧窮者發言，一旦他們發聲，我們就沒有發言的餘地，這大概是我們這些盟友在這裡的感受。聽著窮人所訴說的一切，會覺得自己沒有發聲的權利，我們沒辦法說什麼，不得不保持沉默。我們嘗試和外界分享這裡的一切，但有些時候，即使滿腹熱忱，還是會覺得，最終，像我這樣一個從未經歷過赤貧的人，有什麼權利輕易談論赤貧？向外界傳達赤貧家庭的訊息不容易，我們還在摸索。」

事實上，問題不在於代替赤貧者說話，而是每個人都有義務在自己的職場、社交圈創造並把握機會，把自己在平民大學所學到的融入其中。例如，隨著在法國電力公司（ＥＤＦ）

任職的費羅（Laurent Ferrari）及方約翰（Jean-François Lhuissier）來參加平民大學，我們才針對斷電的問題展開行動。一九八八年，做年度評估時，兩位電力工程師均寫道，當他們來到平民大學時，才了解到赤貧家庭所經歷的一切：「過去，我們從來不曾意識到原來斷電的動作如此頻繁，也沒意識到電力在窮人生活中的重要性。在地下室的會議，給我們勇氣和力量去談這件事，並在職場中讓事情有所改變。」[58]

同樣在職場上，一位行醫的盟友分享在醫院服務時，與一位非常貧困的年輕人相遇的經歷：「我給他《第四世界陳情書》，並和他一起討論。我們努力讓他在出院後轉去療養院休養，這是他應有的權利。當然，我將平民大學所聽所學的落實到我在醫院、急診室遇到的每件事情上。」

58. 譯註：這場法國電力公司的盟友為赤貧家庭不至於斷電的奮鬥歷程，參見約納・羅生福、唐弟予，楊淑秀譯，《民主藝匠》，心靈工坊，二〇一七，頁125～158。

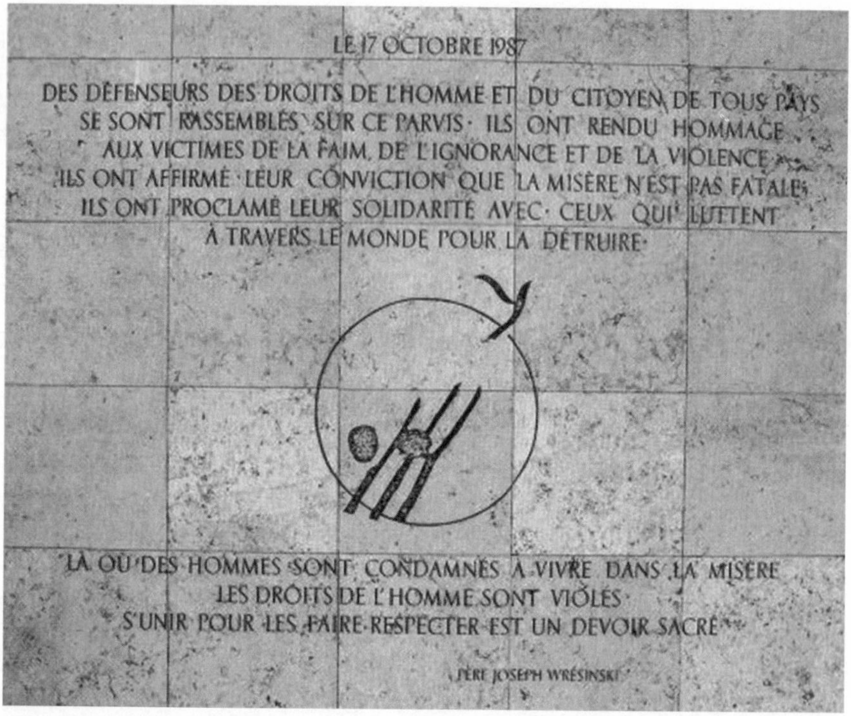

巴黎自由廣場的赤貧犧牲者紀念碑文。

世界拒絕赤貧日（World Day to Overcome Extreme Poverty），一九八七年十月十七日，來自世界各地的十萬名人權護衛者聚集在巴黎自由人權廣場，他們為極端貧窮的犧牲者獻上了一塊紀念碑，碑文寫著：一九八七年十月十七日，來自世界各地的人權及公民權之護衛者聚集在這個廣場上，他們向飢餓、無知及暴力的犧牲者表示敬意。他們一致聲明赤貧並非宿命，他們強烈地表達願與全球為摧毀赤貧而奮鬥的志士團結一致。

哪裡有人被迫生活在赤貧中，那裡的人權就受到侵犯。團結起來使人權受到尊重是我們神聖的義務。

——若瑟．赫忍斯基神父

這塊碑文很快在世界各地複製，包括美國紐約聯合國總部、比利時布魯塞爾歐洲議會廣場、布吉那法索、菲律賓馬尼拉、德國柏林等地。一九九二年，聯合國響應若瑟．赫忍斯基神父與全球人權護衛者的號召，宣佈每年十月十七日為「世界拒絕赤貧日」。

扎根於人間的大學

一九八〇年十月，在一場討論「人權」的第四世界平民大學，卡巴齊（Bachir Khaldi）提出一個令人目瞪口呆的反思：「如果有個俄羅斯學者被關進精神病院，所有的法國知識分子都會動員起來，花上幾百萬，在報紙上刊登一整頁的廣告，聲援這名俄羅斯學者。然而，當有人告訴他們，在凡爾賽貧民區，有一個法國婦女窮到快吃土、住在一個像壕溝一樣的地方整整兩年了，大家只會報警，然後跟這個女人說：『你給大家製造很多麻煩！』你們這些學者會為這位女士連署請願嗎？」

令人震撼的反思，將知識分子與貧窮婦女的命運相比看似荒唐。前者，必須給予支援，因為這個世界對他有所期待；而後者，卻只得到譴責，她的生命由於赤貧被視為毫無價值。

巴黎自由人權廣場赤貧犧牲者紀念碑

如果我們貶低世上千千萬萬的窮人，讓他們無地自容，那怕單單只是輕視了他們中的一位，那麼人類在科技、經濟、知識……等領域的進步又有什麼意義？在第四世界平民大學，我們不談論「窮人的問題」，也許這是為何這所大學徹底顛覆了傳統的人際關係、階級制度和教學模式。這不是一所社會科學大學，人類感興趣的所有議題都可以而且應該在這裡被探討，因為事關第四世界在當代的親身經歷與對未來的反思。

赤貧者的公民身份必須被表達和行使，以便在正義和友愛中，促進真正的民主。因為有平民大學這個平台，任何有意願的人都能夠與貧困者一起學習公民關係，培養公民素質，好能共同肩負摧毀赤貧的重責大任。而這項共同的責任是世界性的，無論是一九七九年，他們對於前往泰國一處柬埔寨難民營的持久志願者的支持，或是一九九三年，聲援匈牙利的一個村莊，當地村民在沒有任何資源的情況下，和村裡非常貧困的吉普賽人一起展開行動。

與李果女士上一次見面時，她問我：「你相信我們的下一代會有更好的生活嗎？」毫無疑問，這是本書最後要提出來的關鍵問題。窮人的智慧最終是否會得到認可？是否會變得如此不可或缺，以至於各領域的知識份子及各級官員不僅會支援、更會投入必要的資源，聘用受過訓練的人員，好讓處境不利的兒童與青年能夠成長發展，並且運用他們在自己的生活圈所繼承的知識，將自己的聰明才智貢獻給世界？

一九七五年，若瑟神父在地下室的發言，半世紀之後依然適用：「一個社會的未來可以從大學生的社會背景做出判斷。上得了大學的這些學子，決定著任何一種制度的格局和品質。最貧窮的人和最富有的人都享有上大學的權利嗎？這是不可否認的衡量標準，最公平的，甚至可能是唯一的衡量準則。」

挑戰仍在前方，但我們會有力量面對，因為有一群人，多年來默默付出，為了讓每個男人和女人都能夠被當作有思想的人，都能夠被認可、被理解。

我們的雄心壯志難道不就是扭轉歷史的慣性？

譯者後記暨作者與台灣活水成員的對話

楊淑秀

疫情大流行之後，我從加拿大回到台灣，與第四世界成員分辨未來方向，我們決定要在台灣開始嘗試第四世界平民大學。除了第四世界成員，一群認識多年的夥伴也對平民大學很有興趣，包括「向貧窮者學習行動聯盟」（簡稱窮學盟）的朋友們和耕莘文教院的主任徐森義神父。這些年來，窮學盟的夥伴團結起來，每年在十月十七日「世界拒絕赤貧日」前後舉辦「貧窮人的台北」，希望大眾意識到貧困者對社會的貢獻。過程中，要特別感謝該聯盟的發言人巫彥德和耕莘文教院的徐森義神父。巫彥德也是「人生百味」共同創辦人，他號召很多夥伴一起偕行，透過放映多部第四世界相關紀錄片及座談會，一起認識這條對抗赤貧的非凡路徑。徐森義神父是我輔仁大學社工系的學弟，他一直關心弱勢者的處境，想要跟隨方濟各教宗的腳步，他深信第四世界平民大學的價值，甚至為此在耕莘文教院為第四世界提供了一個相遇的空間。

但，光靠一個相遇的空間、紀錄片以及信念堅強的一群人，還是不足以理解這種「拜赤貧者為師的絕技」，還是不知道如何「讓窮人的知識與智慧被辨識、被肯認」。於是，我們決定要組織讀書會。我找到吳新慧與陳姿宜兩位盟友一起協助本書之中譯，我們接力，每個月翻譯兩章，好讓讀書會成員可以共享若瑟神父創立的這個「重新建構知識的平台」，讓來自不同生活圈的讀者有機會一起進行「知識的交流互惠」。

二〇二一年初，我們開始讀書會，讀完本書時，有幾個讀書會成員向作者提出幾個非常有意思的問題，以下是台灣讀者與作者的對話：

吳佳芳（活水成員）：看完這本書，覺得赤貧無國界，我跟歐洲參加第四世界平民大學的赤貧者境遇相同，我目睹家暴，學歷不高，沒有一技之長，沒有後援，感受階級差別，沒有得到社會福利，並經歷憂鬱、焦慮。

請問作者，什麼動力讓您堅持下去？因為陪伴跟聆聽赤貧者聲音相當不容易，可能得不到回饋。

費鴻芳：我得到的回饋就是您，就是佳芳，就是知道您的存在，知道您渴望並花時間讀了這本書，還費心向我提出問題。您無法想像這帶給我多麼深的喜悅。您加入了我遇到的所有這些活水成員的行列，我跟活水成員一起走過了這麼多年的歲月，我一一銘記在心，永誌不忘。佳芳，這是我非常真誠的表達。

佳芳：還有，發聲後能有所改變嗎？之前有記者來採訪我，報導出來後有網友留言，內容讓我覺得滿不舒服的。因為每個人生活經驗不一樣，說出來後沒有被理解，反而跟我說：

「沒有能力養，為什麼還要生第二個？養不起為什麼要生！」可是事情就這樣發生了，預料不到下一步會發生什麼，我也不願意這樣。不禁想問：發聲後，到底能造成什麼改變？我這麼努力活著，就算是被看見了，還是這樣被批評、責罵。

費鴻芳：您的第二個問題跟生命的見證有關。事實上，我相信這就是若瑟神父創建第四世界平民大學的原因之一，因為個人層次的見證讓站出來發聲的人面臨被誤解、被批評的風險，這些都是您已經歷過的風險。面對個別的見證，總會有人說：「你會這麼窮，是你自己的錯。」在第四世界平民大學，我們會發現自己並不孤單，還有其他人跟我們一樣，生活條件非常嚴酷和不公義，這給了我們力量和論據，可以讓大眾明白，赤貧不是個人的錯誤，沒有人應該因為身處貧困而感到內疚。應該為赤貧負責的是法律、是偏見和社會排斥。

在第四世界平民大學，與其他活水成員、盟友及各界夥伴站在一起，你們會找到力量，用「我們」做出集體發聲，而不僅僅是「我」個人的發聲。媒體記者和外界的人喜歡談「個別案件」，這就是我們要共同拒絕的事情。佳芳，您的發聲很重要，而且希望您知道，我們這些志願者和盟友夥伴們，我們也有責任，我們也必須學會如何與那些不了解赤貧現實的人交談。

花若寒（盟友）：想問作者，非活水成員理解第四世界最常見的困難是什麼？沒有貧窮經驗的人理解第四世界核心精神最常看見的困難或阻礙有哪些？

費鴻芳：為了回答這個問題，我想先確認自己是否有聽懂您的提問。當您使用「第四世界」這個詞時，您指的僅僅是生活在貧困中的人，還是指第四世界運動？我個人對「第四世界」這個詞的使用有過進化，它必須保持一種自豪的歸屬感，而不是再一次給生活在貧困中的公民貼標籤。我是第四世界的持久志願者，在這個運動還有第四世界的活水成員和第四世界的盟友。

我來自一個工薪階層的家庭，一直非常看重體力勞動的價值，但我的父母盡一切努力確保他們的六個孩子都能夠好好讀書，以便自由選擇他們的未來。我讀了大學，成為一名體育老師，我熱愛這份工作。當我成為第四世界的志願者時，我住在貧困社區，並且去紡紗工廠當女工。我感受到社區成人對我的尊重，我也體驗到勞動工作的辛苦、輪班的安排與老闆的羞辱，看到勞動與報酬不相符合，工人的薪資跟我以前當老師的薪水差距如此巨大，多麼不公平。但我也分享了工人同事的歡聲笑語，感受到彼此的團結關懷。在加入志願者團體多年後，我再次以志願者的身分去清潔公司擔任清潔工，好幾年的時間靠體力活謀生。

之所以跟您分享這些，只是想表達，對我來說，想要理解生活艱難的同胞所經歷的事情，不可能只靠理智來認識。這是我的看法，我需要用自己的身體去感受，而不僅僅是在腦海裡想像。但是，每個人都可以找到適合自己的方法，「從內部」來理解赤貧者的經歷。但是，讓我們保持謙虛，真正的理解只能由每天生活在艱辛生活條件中的同胞提供，有時他們一輩子都活在這樣的處境裡。

陳香綾（持久志願者）：書裡看到法國的活水成員和盟友都很積極、主動參與平民大學，想知道能夠讓台灣的活水成員和盟友熱情參與的方法。

費鴻芳：經驗告訴我，熱情是會傳染的。您遇到的人，無論他們是盟友、活水成員還是合作夥伴，在聽您說話之前，會看著您，觀察您存在的方式，您是如何迎接他們、您微笑與傾聽的態度……第四世界平民大學的主持人注入的活力，一方面與他的人格特質有關，另一方面也倚靠一個非常重要的支撐，也就是相遇。如果我們自己沒有被相遇的渴望所浸潤，要如何創造相遇的渴望？

關於積極、主動的參與，我會說，在第四世界平民大學，每個人都帶著他之所是，他所知道的，他所經歷的來到現場。即使生活困難的人有優先的發言權，但，重要的是，不管平民大學討論甚麼主題，都應該有不同生活圈的人出席，並給出貢獻。這真的是本書提出的一個基本觀點，第四世界平民大學不是窮人自己抱團取暖的會議，而是一所開放的大學，每個參與者都可以互相學習。這就是為什麼為每個人事前的準備功夫那麼重要，在準備小組，針對討論的主題，透過回答兩到三個問題，開始練習做學問。

巫彥德（盟友）：經歷了這麼多次的平民大學後，作者自己有沒有發生什麼改變？補充一下提問的脈絡。對照我自己的靈修，我認為平民大學是一個靈魂性社會工作計畫（我這裡所指的社會工作是非常廣義的），讓活水成員轉化貧窮的經驗與傷痕。而我對於靈魂性的工作的認識是，通常是彼此影響的，幾乎是互為主體的，而同時，若靈性在這個過程中沒有成長，整個平民大學的社群也不會成長。所以我認為作者一定有自己的變化在，這是我最好奇的。我認為這個內在的變化是台灣讀者最容易去理解平民大學的意義的起點，我參與這本書的讀書會，看到了活水成員解開貧窮污名的限制，一步一步的與自己整合。我認為平民大學的工作方法與中醫精神最大的共同點便是是相信人自性完整這件事。

費鴻芳：您提到交流互惠以及個人內在轉化的問題。有十多年的時間，我以志願者的身分跟十五至二十歲的少年人一起行動，我就生活在他們中間。我跟這些少年人的父母建立的關係多出於我跟他們的子女一起展開的行動。在第四世界平民大學，跟這些成人建立的是另一種關係，而那是我之前完全沒有的經驗。事實上，那同時是一種個人與個人的關係，但也是我自己個人和一個團體的關係。我想這是我日復一日學到最多的東西，這不僅僅是跟另一個人建立起互相信任的關係，而且這種信任還必須是能夠帶來解放的，意思是這關係要能允許這個人獲得團體的尊重和信任。這點解釋起來有點複雜。如果人際關係陷入情感或物質的依賴，可能會令人窒息。為此，作為志願者，我深入思考過，意即我個人只是一個媒介，為的是讓那些經常因為生活條件不佳而被孤立或被排擠的同胞了解，在社會群體中，他們非常重要，不可取代。我讓自己為這個雄心壯志服務。

我內在是否因此發生改變？就我的氣質來說，並沒有……但是，我對世界如何運作的看法確實發生了改變。這本書到處都是活水成員的智慧閃閃發光的例子。對我來說，這個活生生的事實對普遍存在的智慧概念作出顛覆性的挑戰，通常，我們都認為受過高等教育的人才是聰慧的。其實，智慧的形式是多樣的，第四世界平民大學發現了這麼多元的智慧，這是一個不可思議的財富。也正是因為如此，多年後，我和我的丈夫展開了我在本書中文版序言提到的「知識與實踐的交流互惠」，我們必須和最貧窮的同胞重新建構知識，怎能糟蹋他們身上這麼珍貴的智慧。

附錄一：文獻與訪談列表

◎一九七二年十一月至一九九三年六月巴黎第四世界平民大學三百零八場大會的錄音逐字稿。

◎第四世界平民大學主持人的培訓紀錄以及一九七六年八月行動研討會的會議記錄。

◎巴黎第四世界平民大學年度評估，質性和量化報告：1974-1979-1980-1981-1982-1987-1988-1989-1990-1991-1992-1993；以及量化評估：1972至1976、1981至1983、1987至1993。

受訪者	採訪者	日期
馬約翰（Jean Marcq）	M.-C. Buffard	1994/2
雅瑪莉（Marie Jahrling）	F. Ferrand	1994/3/16
韓瑪芳（Marie-France Hanneton）	M.-C. Buffard	1994/3/22
白瑪婷（Martine Bertin）	E. Hardt	1994/4/01
龐迪地（Didier Ponsot）	E. Hardt	1994/4/22
杜陸喜（Lucien Duquesne）	F. Ferrand	1994/5/7
杜瑪娜（Marinette Duchêne）	E. Hardt	1994/5/13
博亨利（Henri Bossan）	E. Hardt	1994/5/13
默費妮（Véronique Morzelle）	E. Hardt	1994/6/09
李果女士（Madame Ligot）	F. Ferrand	1994/6/16
西蒙娜女士（Madame Simon）	F. Ferrand, E. Hardt	1994/6/16
杜費盟先生（Monsieur Doffémont）	F. Ferrand, E. Hardt	1994/6/16
馬果女士（Madame Macaud）	F. Ferrand, E. Hardt	1994/6/17
費阿朗（Alain Havet）	E. Hardt	1994/6/27
彼得先生（Monsieur Pierre）	費阿朗（A. Havet）	1994/7/02
樂寇海（Martine Le Corre）	杜陸喜（L. Duquesne）	1994/7

附錄二

兩段不同時期的統計數字之比較，一九七二年十一月至一九七六年十一月，及一九八八年一月至一九九三年六月，巴黎共舉辦了六十三場第四世界平民大學：

一百六十一位參與過第四世界平民大學的「活水成員」中，根據他們一九八九年九月至一九九一年六月這兩年的參與：

- 十三位是十六至二十歲的年輕人
- 三十四位是單身的成人
- 二十六位夫妻檔，家裡沒有小孩
- 七十位夫妻檔，家裡有小孩
- 十八位單親母親

	1972～1976			1988～1993		
	參與總人數	每月平均參與人數	百分比	參與總人數	每月平均參與人數	百分比
極端貧困者	2,067	33	30%	3,221	51	45%
持久志願者	2,215	35	32%	1,564	25	22%
各個生活圈的公民	2,588	41	38%	2,329	37	33%
受邀嘉賓	22			23		

附錄三

第四世界平民大學的參與頻率：每年，三〇%至四〇%的人只來參與一次。同樣地，每年也有三〇%至四〇%的人幾乎全程參與。

從一九七二年開始，這些數字沒有太大的變動。例如，一九九二～一九九三，共有兩百九十七個人參加了平民大學，其中有一百一十九個人參與了一半以上的會議，一百二十四人只來了一次。

附錄四

年度議題列表如下：

一九七七：工作
一九七八～七九：兒童
一九八〇：移民
一九八一～八二：人權
一九八三：工作
一九八四～八五：青年
一九八六：住宅
一九八七～八八：人權
一九八九：公民身分
一九九〇：自由
一九九一：法律
一九九二：歐洲
一九九三～九四：家庭

不論年度主題為何，巴黎平民大學這二十多年來一直在探討的議題如下：

- 五十場與兒童、他們的現在與未來以及和學校有關。
- 四十三場與工作、企業、工會、職業培訓相關。
- 三十九場我們稱為社會投身的大學，與第四世界運動的公開活動有關，即使不是直接在平民大學準備的。
- 三十三場探討公民身份，社會、文化與政治生活的參與。
- 場探討家庭生活、過家庭生活的權利，過家庭生活的條件。
- 其他議題包括：青年、節日、健康、文化、住房、金錢、司法、身心障礙者、假期等。

附錄五

巴黎平民大學的主持人：

- 一九七二年十一月至一九七五年十二月：若瑟．赫忍斯基神父。
- 之後，主持的任務逐漸交棒給持久志願者，以賴彼得（Pierre Laridan）和杜陸喜（Lucien Duquesne）為主。
- 一九八一年二月至一九八三年五月：杜陸喜（Lucien Duquesne）。
- 一九八三年十月至一九八六年五月：先後由巴黎區的持久志願者諾瑪歐（Marie-Odile Novert）和裴賈妮（Janine Béchet）主持。
- 一九八六年十月至一九九三年六月：費鴻芳（Françoise Ferrand）。
- 一九九三年九月至一九九五年六月：駐皮爾耶（Pierrelaye）第四世界國際總部的持久志願者石瑪芳（Maryvonne Caillaux）。

附錄六：書目

德芳馨（DE LA GORCE Francine），《希望轟轟作響》第一冊（*L'espoir gronde*, tome 1, Editions Quart Monde, Paris, 1992）。

德芳馨（DE LA GORCE Francine），《一群子民奮起抵抗》第二冊（*Un peuple se lève*, tome II, Editions Quart Monde, Paris, 1995）。

奧莉雯・德・佛絲（DE VOS VAN STEENWIJK Alwine），《若瑟神父》（*Père Joseph*, Editions Quart Monde, Paris, 1989）。

戴伊莎（DELIGNE Isabelle），《父母與幼兒一起成長》（*Grandir ensemble, parents et tous petits*, Editions Quart Monde, Paris, 1993）

費鴻芳（FERRAND Françoise），《你是年輕，還是怎樣？》（*T'es jeune ou quoi?* Editions Quart Monde, Paris, 1986）。

郭狄夏主編（sous la direction de GODINOT Xavier），《我們想要知道工作的秘密》（*On voudrait connaître le secret du travail*, Editions Quart Monde, Paris, 1995）。

竺朵妮主編（sous la direction de JOUY Denise），《對抗社會排斥的法律指南》（*Guide juridique contre l'exclusion*, Editions Quart Monde / Editions de l'Atelier, Paris, 1995）。

若瑟・赫忍斯基（Joseph Wresinski, 2011；楊淑秀、蔡怡佳、林怡伶譯，二〇一三），

《親吻窮人：若瑟神父與第四世界運動》。心靈工坊。原文書名直譯為《窮人就是教會》（*Les pauvres sont l'Eglise*, Editions Le Centurion, Paris, 1986）。

若瑟．赫忍斯基，《極端貧窮與經濟社會的不穩定》報告，也就是一般較為熟知的《赫忍斯基報告》，報告書原名 *Grande pauvreté et précarité économique et sociale*；英文版譯為 *Chronic Poverty and lack of basic Security: The Wresinski Report*，於一九九四年在美國出版。中文版預計二〇二二年春天出版。

若瑟．赫忍斯基（Joseph Wresinski, 1986；楊淑秀譯，二〇〇九），《給明天的話》。臺北縣：輔仁大學出版社。原書名為 *Paroles pour demain*（Editions Desclée de Brouwer, Paris, 1986）。

若瑟．赫忍斯基（Joseph Wresinski），《手稿與談話》第一冊與第二冊（*Ecrits et paroles*, tome I et Il, Editions Quart Monde, Paris, 1992 et 1994）。

經濟社會理事會（CONSEIL ECONOMIQUE ET SOCIAL），《對抗長期貧困的公共政策之評估》（*Evaluation des politiques publiques de lutte contre la grande pauvreté*, Direction des Journaux Officiels, 1995）。

若瑟．赫忍斯基（Joseph Wresinski, 1989；孫大川譯，一九八九）。《一個生命，我們的生命：若瑟．赫忍斯基神父一篇訪問的節錄》。第四世界運動。由若瑟神父一九八七年的一段訪談錄音帶編輯而成，「大時代的見證人」系列訪談之一，（CASSETT, Eéditée par La Vie: *Père Joseph Wrésinski, série《Les grands témoins de notre temps》*）。

國家圖書館出版品預行編目（CIP）資料

讓發聲發生／費鴻芳（Françoise Ferrand）著；楊淑秀、陳姿宜、吳新慧譯. --初版, -- 臺北市：星火文化，2022.03
288 面；17×23 公分 . --（Search；13）
譯自：Et vous, que pensez-vous?
ISBN 978-986-98715-4-9（平裝）
1.CST：社會正義 2.CST：社會運動 3.CST：貧窮
540.21 111000424

Search 13

讓發聲發生

作　　者 費鴻芳（Françoise Ferrand）
譯　　者 楊淑秀、陳姿宜、吳新慧
執行編輯 徐仲秋
封面設計 林雯瑛
內頁排版 黃淑華
總 編 輯 徐仲秋
出　　版 星火文化有限公司
台北市衡陽路 7 號 8 樓
營運統籌 大是文化有限公司
業務經理 林裕安
業務專員 馬絮盈
業務助理 李秀蕙
行銷企畫 徐千晴
美術編輯 林彥君
讀者服務專線：（02）2375-7911　分機 122
24小時讀者服務傳真：（02）2375-6999

法律顧問 永然聯合法律事務所
香港發行 豐達出版發行有限公司 Rich Publishing & Distribut Ltd
香港柴灣永泰道 70 號　柴灣工業城第 2 期 1805 室
Unit 1805, Ph. 2, Chai Wan Ind City, 70 Wing Tai Rd, Chai Wan, Hong Kong
電話：21726513　　傳真：21724355
E-mail：cary@subseasy.com.hk
印　　刷 韋懋實業有限公司

2022 年 3 月初版
ISBN 978-986-98715-4-9
Printed in Taiwan
定價 320 元